Mediunidade sem Lágrimas

Eliseu Rigonatti

Mediunidade sem Lágrimas

Lições de Espiritismo Prático, Mediunidade e Oratória na Doutrina Espírita

Editora Pensamento
SÃO PAULO

Originalmente publicado com os títulos: *A Mediunidade sem Lágrimas, O Espiritismo Aplicado* e *O Orador Espírita*

1ª edição 2018.

4ª reimpressão 2025.

Editor: Adilson Silva Ramachandra
Editora de texto: Denise de Carvalho Rocha
Gerente editorial: Roseli de S. Ferraz
Produção editorial: Indiara Faria Kayo
Editoração eletrônica: Mauricio Pareja da Silva
Revisão: Bárbara Parente

Dados Internacionais de Catalogação na Publicação (CIP)
(Câmara Brasileira do Livro, SP, Brasil)

Rigonatti, Eliseu, 1913-1988.
Mediunidade sem lágrimas : lições de espiritismo prático, mediunidade e oratória na doutrina espírita / Eliseu Rigonatti. – São Paulo : Pensamento, 2018.

ISBN 978-85-315-2026-6
1. Doutrina espírita 2. Espiritismo 3. Espiritismo - Estudo e ensino 4. Mediunidade 5. Médiuns I. Título.

18-16778 CDD-133.91

Índices para catálogo sistemático:
1. Mediunidade : Doutrina espírita : Espiritismo 133.91
Iolanda Rodrigues Biode – Bibliotecária – CRB-8/10014

EDITORA PENSAMENTO-CULTRIX LTDA.
Rua Dr. Mário Vicente, 368 - 04270-000 - São Paulo - SP
Fone: (11) 2066-9000
http://www.editorapensamento.com.br
E-mail: atendimento@editorapensamento.com.br
Foi feito o depósito legal.

Sumário

PARTE II

Apresentação

Pede-me o editor para fazer algumas considerações sobre meu pai, Eliseu Rigonatti, e suas obras. Essa solicitação prende-se à escolha de três títulos que, há muitos anos, são estudados e admirados pelos estudantes da Doutrina Espírita e, naturalmente, à amizade que tem sua origem na que unia nossos pais.

Lembro-me de que, em casa, sua escrivaninha ficava no quarto em que eu e meu irmão dormíamos. Quando acordávamos, ele já lá estava desde alta madrugada escrevendo suas obras, que depois foram editadas pela Pensamento.

O laboratório de onde saíram todos os seus livros chamava-se Centro Espírita Mensageiros da Paz. Um a um, inspirados pelo altruísmo e realizados com muito amor, dedicação e estudos, surgiram vários e vários volumes, que agora estão sendo reeditados. São livros simples, escritos por uma alma simples para almas simples, sem quaisquer rebuscamentos de linguagem.

Um dos seus momentos de intensa alegria relacionado com seus livros foi quando lhe contei que, estando eu trabalhando num movimentado Pronto-Socorro da capital paulista, aproximou-se de mim um dos médicos responsáveis pelo plantão e perguntou-me:

– Você é filho do Eliseu Rigonatti?

– Sou – respondi.

E ele me disse:

– Diga a seu pai que eu aprendi a ler com as *52 Lições de Catecismo Espírita*, que eu ainda hoje releio quando tenho dúvidas sobre como agir.

Agora com esta edição de *Mediunidade sem Lágrimas – Lições de Espiritismo Prático, Mediunidade e Oratória na Doutrina Espírita* (reedição em um único volume contendo o texto integral de *A Mediunidade Sem Lágrimas*, *O Espiritismo Aplicado* e *O Orador Espíri-*

ta), em linguagem clara e acessível, temas fundamentais são tratados nesta nova edição para que qualquer pessoa desenvolva seus conhecimentos sobre a prática da Doutrina Espírita, o exercício da mediunidade e seus dons oratórios.

Enfim, a obra literária de Eliseu Rigonatti traça com clareza a trajetória de um espírito coerente consigo próprio, fiel às suas convicções e que conseguiu sintetizar em seus livros, de modo simples, os sublimes conceitos da visão espírita do Cristianismo.

Dr. Sérgio Rigonatti

Introdução

As páginas que se vão ler tratam de um dom profundo do Espírito humano encarnado: o dom da mediunidade, sua aplicação prática na vida diária e como deve proceder nos estudos aquele que busca se tornar um orador espírita, um propagador da Palavra, do Evangelho e da Doutrina. Por meio do conhecimento espiritual e dos exercícios deste livro, entraremos em contato com os Espíritos, ou seja, com os "desencarnados". E como o explorador terreno — que antes de se aventurar a uma região desconhecida que lhe compete explorar, aparelha-se com os instrumentos necessários e informações que lhe facilitem a tarefa, que o protejam dos riscos a que possa estar exposto —, assim também deve agir aquele que vai entrar em contato com os Espíritos, precavendo-se contra os perigos a que se expõe. Posto que não sejam instrumentos materiais, são, contudo, de suma importância, e sem os quais poderá frustrar-se em sua tarefa.

Os instrumentos a que nos referimos são: intelectuais, morais, espirituais e materiais. E neste caso, os instrumentos intelectuais resumem-se num só: o estudo das obras básicas da Doutrina Espírita deve ser uma constante na vida do médium iniciante, de autores inspirados como Kardec, Delanne, Dénis, Bozzano, que oferecem as sólidas bases do Espiritismo, a que se juntam as obras de novos autores, sejam eles nacionais ou de língua estrangeira, por meio de excelentes traduções, e publicadas por editoras de alta responsabilidade. O estudo desenvolve no médium o discernimento, isto é, a capacidade de julgar.

Onde quer que esteja, o médium deve ser um exemplo de moralidade, porém, sem afetação. É importante que se livre de vícios, por menores que sejam. A fé elevada deve conferir ao médium que principia no caminho a perseverança, a energia e os recursos necessários para a vitória sobre os obstáculos, tanto nas pequenas quanto nas grandes coisas da vida.

Ao médium não é proibido lutar para ter mais e melhor, materialmente falando; entretanto se conseguir pouco, contentar-se com esse pouco; se for agraciado com riquezas, lembrar-se continuamente de que não é mais do que um mordomo dos bens do Senhor, evitando assim o peso das preocupações materiais, se seria um grande deslize ao bom desempenho mediúnico.

Embora em todas as épocas tenha havido médiuns, estava reservado aos nossos tempos a disseminação e a popularização das práticas mediúnicas, não só porque a humanidade está mais esclarecida, mas, também, porque os organismos humanos, sendo hoje em dia mais maleáveis, flexíveis e delicados em termos de matéria e consciência do que eram há apenas alguns séculos, permitindo assim aos espíritos maior liberdade de ação.

A mediunidade, como tudo o que há no Universo, também está sujeita à lei da Evolução. A princípio, os corpos grosseiros de nossos antepassados, pesados e extremamente materiais, nenhuma liberdade ofereciam aos espíritos que se encarnavam. E sim, é verdade que os espíritos eram primitivos e não entendiam ainda nada de espiritualidade. Os tempos hoje são outros, e o Espiritismo constitui a ciência infinita do espírito, assim como o Evangelho constitui a ciência do coração. À medida que o espírito caminha, novos horizontes lhe são descortinados, bem como amplia-se sua responsabilidade perante o Evangelho e sua mediunidade.

E com este livro, que ora o leitor tem em mãos, mostraremos como é possível conhecer melhor o processo da mediunidade de forma prática, numa exposição clara dos seus aspectos básicos, como desenvolvê-la e utilizá-la em prol dos ideais espíritas. Vamos trazer importantes informações sobre a aplicação de exercícios na vida diária para desenvolver os dons do estudante da Doutrina. Por último, iremos abordar como falar de forma correta, eloquente e verdadeira em público, mostrando de forma detalhada como o tom da voz, os gestos, a preparação do texto e a leitura dos livros são indispensáveis para a criação de um estilo, entre outros itens, se sentimos ser indispensáveis para a formação do orador espírita, num estudo simples, mostrado passo a passo, no qual iremos revelar ao leitor de olhos atentos, que tem por objetivo subir os degraus de uma espiritualidade mais consciente.

Não pararemos aqui. Evoluiremos sempre. Dia virá em que nosso sentido mediúnico estará tão apurado como nossa visão e audição hoje. Desaparecerão todas as barreiras que nos separam dos planos espirituais. Apoiados na mediunidade que no futuro não terá mistérios para ninguém, caminharemos mais firmemente para as moradas felizes do reino de Deus.

E com a ajuda do Espiritismo, nos reformaremos segundo os preceitos evangélicos da nossa querida Doutrina, pois para a completa melhoria da humanidade, só dará resultado o remédio aplicado ao indivíduo; por isso, cada um de nós procure melhorar a si próprio, e a beneficiada será a humanidade.

PARTE I

A Comunicação Entre os Encarnados e os Desencarnados

Nós somos espíritos encarnados até chegar o dia de nossa morte. Já sabemos que a morte não existe. O fenômeno a que denominamos morte consiste na separação de nosso espírito imortal do corpo ao qual estamos ligados atualmente. A morte é a nossa libertadora. Uma vez libertados do corpo, passaremos a viver no mundo espiritual.

Se como encarnados temos os meios de nos comunicar uns com os outros, não teremos também a possibilidade de comunicação com os espíritos? Não haverá um meio do qual nos possamos servir para conversar com aqueles que já partiram para o mundo espiritual e deles recebermos notícias, palavras confortadoras e úteis ensinamentos morais?

O meio que nos põe em contato com os espíritos é a mediunidade.

A mediunidade é, pois, o sentido pelo qual entramos em relação com os espíritos e todos nós, homens e mulheres, a possuímos, embora em diferentes graus.

Assim Deus, que é Bondade, permite-nos que continuemos a sentir vivos e palpitantes de amor aqueles que constituíram na Terra nossas mais queridas afeições.

A Mediunidade

Para compreendermos onde reside a mediunidade, lembremo-nos de que somos compostos de três elementos: o espírito, o perispírito e o corpo.

O espírito somos nós mesmos. É a nossa individualidade. É a parte de nós que pensa e sente. É o nosso EU imortal.

O perispírito é um véu fluídico que envolve o espírito e o liga ao corpo durante o tempo da encarnação. É inseparável do espírito e é tanto mais luminoso quanto maior for o adiantamento moral do espírito a que reveste. É invisível para nós no estado normal; porém, pode tornar-se visível, como no caso das materializações e das aparições.

O corpo é o instrumento com o qual o espírito atua no mundo terreno.

Por conseguinte, agora que estamos encarnados possuímos o espírito, o perispírito e o corpo; quando estivermos desencarnados possuiremos o espírito e o perispírito.

O perispírito é o receptor das sensações e o transmissor delas ao espírito. As sensações físicas são recebidas pelo perispírito através do sistema nervoso de que é dotado nosso corpo. As sensações espirituais recebem-se diretamente pelo perispírito, que se irradia através de nosso corpo e o contorna como uma névoa.

Há dois gêneros de mediunidade: a mediunidade de efeitos físicos e a mediunidade de efeitos intelectuais.

A mediunidade de efeitos físicos é a que produz manifestações materiais, tais como: barulhos, deslocamentos de objetos, materializações, transportes, trabalhos manuais, voz direta etc. Conquanto a voz direta seja uma manifestação intelectual, incluímo-la na classificação de efeitos físicos, porque só por um médium deste gênero ela pode produzir-se.

A mediunidade de efeitos intelectuais produz manifestações inteligentes, a saber: a palavra, a escrita, a inspiração, a intuição etc.

O mecanismo da mediunidade de efeitos físicos é o seguinte: o perispírito do médium projeta para o exterior uma emissão fluídica-nervosa; os espíritos se apropriam dessa emissão e a combinam com os seus fluidos magnéticos; adquirem desse modo a força com a qual produzem os fenômenos.

O mecanismo da mediunidade de efeitos intelectuais é o seguinte: o espírito que se quer comunicar liga seu perispírito ao perispírito do médium e assim influencia o médium que lhe reproduz os pensamentos pela palavra ou pela escrita.

Na mediunidade de efeitos físicos, há uma emissão fluídica-nervosa da qual os espíritos se utilizam. Na mediunidade de efeitos intelectuais, o organismo do médium é diretamente influenciado pelo perispírito do espírito manifestante. À força nervosa projetada pelo médium e utilizada pelos espíritos, nas manifestações de efeitos físicos, deu-se o nome de ectoplasma.

A causa que produz a mediunidade é orgânica-espiritual.

É orgânica porque o sistema nervoso do médium vibra facilmente irradiando pelo perispírito intensa emissão fluídica-nervosa que, combinada com os fluidos magnéticos do espírito manifestante, serve para a produção dos fenômenos de efeitos físicos.

Graças também à rapidez dessas vibrações, o perispírito do médium ganha certa liberdade que lhe permite ligar-se ao perispírito do espírito manifestante e, assim, produzir os fenômenos de efeitos intelectuais.

É espiritual porque sem o concurso dos espíritos a mediunidade seria inútil, como seriam inúteis os olhos se não houvesse a luz.

Os Médiuns

Embora em diferentes graus, todos nós possuímos a mediunidade; por isso todos nós podemos ser médiuns. É verdade que uns médiuns são mais bem dotados do que outros; uns possuem a mediunidade em grau mais adiantado e outros a possuem em grau mais modesto.

Médium é toda pessoa que sabe usar a mediunidade e se tornou um instrumento pelo qual os desencarnados se comunicam com os encarnados.

Os médiuns ajudam os espíritos esclarecidos a executarem certas tarefas na Terra, porque os espíritos só podem atuar sobre a matéria por meio de um instrumento material. Os espíritos esclarecidos nunca estão inativos: consagram algumas horas do dia ao estudo e ao preparo de suas novas encarnações e futuros trabalhos; o tempo restante, dedicam-no à humanidade. Os espíritos esclarecidos são aqueles que já possuem a compreensão espiritual e trabalham intensamente para o progresso deles próprios e dos encarnados e desencarnados.

Reparemos em torno de nós: há ignorância, miséria, lágrimas, feridas, dores e erros. Pois bem, é por meio dos médiuns que os espíritos nos instruem, suavizam a miséria, enxugam as lágrimas, cicatrizam as feridas, mitigam as dores, corrigem os erros. A mediunidade faz com que nós, habitantes da Terra, demos as mãos aos que habitam o céu e trabalhemos juntos na construção do majestoso reino de Deus.

Como não há dois organismos absolutamente iguais e como cada um de nós serve os espíritos de acordo com o grau de mediunidade que possui, concluímos que há uma grande variedade de médiuns. Dentre ele destacaremos os seguintes: médiuns de efeitos físicos, médiuns falantes, médiuns escreventes, médiuns audientes, médiuns videntes, médiuns intuitivos, médiuns inspirados e médiuns curadores.

Médiuns de Efeitos Físicos

As pessoas que possuem a mediunidade de efeitos físicos chamam-se médiuns de efeitos físicos. Por estes médiuns, os espíritos podem produzir os seguintes fenômenos:

1. Deslocamentos de objetos; arrastar ou erguer móveis e pessoas. Levitação.
2. Pancadas, ruídos, passos, estalos etc.
3. Materializações: os espíritos aparecem aos assistentes e até lhes permitem que os toquem.
4. Transportes: os espíritos tiram uma coisa colocada em uma sala completamente fechada e a transportam para longe do local onde se realiza a reunião. Trazem de fora flores e demais objetos indicados para experiência.
5. Voz direta; ouve-se a voz do espírito manifestante.
6. Escrita direta: os espíritos escrevem sem intermediários, em papéis colocados em lugares inacessíveis aos médiuns; por exemplo: entre as páginas de um livro fechado.
7. Execução de trabalhos manuais em parafina, ou outro material plástico. E modelam bustos, pés, mãos, flores etc.

Toda mediunidade tem sua utilidade e é concedida para um fim providencial. Os médiuns de efeitos físicos foram utilíssimos no início da propagação do Espiritismo. Uma humanidade materialista e obscurecida pelos erros religiosos, filosóficos e científicos só poderia ter a Razão despertada pelos meios materiais: ruídos, barulhos, deslocamentos, sensacionalismos. Disso se aproveitaram os espíritos para chamarem os encarnados à realidade. Eis porque os médiuns de efeitos físicos apareceram primeiro, encabeçando o vigoroso movimento em prol da espiritualização do mundo.

A princípio, recorreu-se a tudo para se explicarem os fenômenos. Diziam que eram devidos a alucinações, ao subconsciente, ao hipnotismo, às trapaças, ao charlatanismo, a forças ainda desconhecidas etc. Contudo, os estudiosos do assunto acabaram por reconhecer que esses fenômenos eram produzidos por uma força inteligente. Essa força respondia por meio de pancadas convencionais ao que se lhe perguntava e, por fim, indicou aos que a interrogavam as maneiras mais fáceis pelas quais se poderia manifestar.

E se descobriu o infinito mundo espiritual, pátria verdadeira de todos nós.

Médiuns Falantes

Médiuns falantes são aqueles por cujo meio os espíritos falam. O espírito que se quer manifestar liga-se ao perispírito do médium e, atuando-lhe no aparelho vocal, faz com que o médium lhe transmita as palavras.

Temos de distinguir dois gêneros de médiuns falantes: os médiuns falantes conscientes e os médiuns falantes inconscientes.

Os médiuns falantes conscientes sabem o que o espírito manifestante está falando, à medida que as palavras estão sendo ditadas. Depois da comunicação se lembram, ainda que vagamente, do que o espírito falou. Estes médiuns são comuns.

Os médiuns falantes inconscientes não sabem o que o espírito manifestante diz. Durante a comunicação ficam como que adormecidos e, quando o espírito se retira, acordam e de nada se lembram. Os médiuns falantes inconscientes também são chamados sonambúlicos. Quando o médium está em estado sonambúlico, seu espírito se desprende facilmente do corpo, dando lugar a que um espírito desencarnado se incorpore.

Há duas espécies de manifestações sonambúlicas: uma em que é um espírito desencarnado que se manifesta. Outra em que é o próprio espírito do médium que entra em contato com os desencarnados e transmite o que eles querem dizer. Os médiuns inconscientes são raros.

Os médiuns falantes desempenham um papel preponderante na difusão do Espiritismo e na do Evangelho. Por estes médiuns, os espíritos pronunciam magníficas preleções aos assistentes das sessões espíritas. Concitam-lhes à prática do bem. Explicam-lhes o Evangelho. Conversam com os presentes. É um prazer, somente avaliado por quem já o experimentou, conversarmos com um ente querido que, feliz, nos conta suas ocupações nos planos luminosos em que habita e onde serenamente nos espera.

Um médium falante espalha muitíssimas consolações. Os espíritos podem ver no íntimo de cada indivíduo seus pensamentos, suas preocupações, suas dores e desilusões. Pois bem; quando um espírito superior toma um médium e se dirige aos ouvintes, sabe exatamente quais os pontos a abordar. E depois de lhe ouvirmos a sábia exortação, quantos pensamentos tristes se dissiparam; quantas preocupações desapareceram; quantas dores se mitigaram; quantas desilusões se esqueceram; quantas esperanças se renovaram!

Se tu, meu irmão ou minha irmã, possuis a mediunidade falante, roga ao Pai que a transforme em fonte de consolo para todos os que sofrem.

Médiuns Escreventes

Médiuns escreventes são aqueles por cujas mãos os espíritos escrevem. Para isso influenciam o braço e a mão do médium.

Nesta classe de médiuns, distinguimos os seguintes:

Os médiuns escreventes mecânicos que não sabem o que os espíritos escrevem durante a manifestação; só o saberão quando lerem a mensagem. Estes médiuns são raros.

Os médiuns escreventes semimecânicos que sabem o que os espíritos escrevem, à medida que se formam as palavras. Estes médiuns são comuns.

Os médiuns escreventes por cujo meio os espíritos reproduzem a letra que tinham quando encarnados e até a própria assinatura. Estes médiuns são raros.

Os médiuns escreventes pelos quais os espíritos escrevem, porém, não conseguem reproduzir a letra que tinham quando encarnados; seja qual for o espírito comunicante, a letra é sempre a mesma, embora diferente da do médium. Estes médiuns são comuns.

Médiuns Audientes

Médiuns audientes são aqueles que ouvem os espíritos.

Há duas espécies de médiuns audientes:

1. Os que ouvem a voz dos espíritos, como se estivessem ouvindo a voz de uma pessoa.
2. Os que ouvem a voz dos espíritos dentro de si mesmos.

No primeiro caso, os espíritos impressionam os nervos auditivos do médium. No segundo, o perispírito do médium recebe o pensamento dos espíritos e o médium o sente como se fosse uma voz interior.

Um médium audiente pode ouvir a voz dos espíritos das duas maneiras ou apenas de uma; conversa com os espíritos e transmite o que eles querem dizer aos encarnados.

É uma mediunidade comum.

Médiuns Videntes e Médiuns Intuitivos

Médiuns videntes são aqueles que veem os espíritos. Temos de distinguir três espécies de médiuns videntes:

1. Os médiuns videntes que veem, tanto com os olhos abertos como com eles fechados.
2. Os médiuns videntes que veem somente com os olhos abertos.
3. Os médiuns de visão mental.

No primeiro caso, é o perispírito do médium que recebe a imagem do espírito. Assim, o médium tanto pode estar com os olhos abertos como com eles fechados que verá os espíritos. A visão não lhe chega através dos olhos e sim através do perispírito. Estes médiuns são chamados clarividentes e a mediunidade que possuem chama-se clarividência. São raríssimos.

No segundo caso, a causa da vidência reside nos olhos do médium. Os olhos se tornam sensíveis sob a ação fluídica do espírito que se quer deixar ver e, nesse estado de sensibilidade ótica, o médium o vê em pensamento.

Os médiuns videntes são raros e a vidência nunca é permanente. Geralmente é uma mediunidade de curta duração.

Os médiuns videntes facilitam o estudo do mundo espiritual pelas descrições que fazem de seus habitantes. Entretanto, é preciso muito cuidado para que não sejamos vítimas da imaginação.

Médiuns intuitivos são aqueles que captam os pensamentos dos espíritos.

Como os outros médiuns, os intuitivos também servem aos espíritos para suas comunicações. Prestam-se muito para a direção das sessões espíritas e para a doutrinação dos espíritos sofredores, porque instantaneamente sabem quais os pontos a tocar para o esclarecimento deles.

Entretanto, dado a facilidade com que chegam a perceber os pensamentos dos espíritos, as pessoas dotadas da mediunidade intuitiva precisam ser calmas e muito ponderadas. Calmas, para não agirem precipitadamente, ao sabor de qualquer ideia que lhes aflore ao cérebro. Ponderadas, para analisarem muito bem as intuições que recebem.

A leitura assídua do Evangelho é o mais seguro meio de análise das intuições e constitui a melhor defesa contra as intuições malévolas. As intuições que estiverem em desacordo com as lições evangélicas devem ser repelidas. E o médium, cultivando o estudo constante do Evangelho, abre sua faculdade receptiva para as intuições superiores.

Médiuns Inspirados

Médiuns inspirados são aqueles aos quais os espíritos sugerem pensamentos. Nas outras mediunidades nós reconhecemos facilmente a ação dos espíritos sobre os médiuns. Porém, com relação aos médiuns inspirados, tal não se dá; a ação dos espíritos sobre eles é tão oculta, tão sutil que mesmo o próprio médium não a sente, apenas percebe que está sendo ajudado em suas ideias.

A pessoa que possui a mediunidade de inspiração, se quiser tirar o máximo proveito dela, precisa estudar muito. É dever de todo médium estudar; mas, para o médium inspirado, o estudo é uma necessidade imperiosa. Repetimos que é uma necessidade imperiosa, porque os médiuns inspirados transmitem seus próprios pensamentos que os espíritos avivam, despertam e ajudam a dar forma. Eis porque se não estudarem ativamente não poderão servir de instrumentos eficazes aos espíritos que lutam por difundir as luzes espirituais em nosso planeta.

Foi através de uma magnífica mediunidade inspirada que Allan Kardec codificou o Espiritismo.

Dá de Graça o que de Graça Recebeste

Antes de aprendermos a usar nossa mediunidade e de merecermos o título de médiuns, meditemos sobre o seguinte:

Não julguemos que a mediunidade nos foi concedida para simples passatempo ou para satisfação de nossos caprichos. Em circunstância alguma, façamos dela o nosso ganha-pão.

Infeliz do médium que utiliza sua mediunidade visando aos seus interesses terrenos! Mal-aventurado quem procura trocar por dinheiro os dons de Deus!

A mediunidade é coisa santa e com ela devemos suavizar os sofrimentos alheios. É a maneira mais simples de praticarmos a verdadeira caridade: a caridade espiritual. Cooperando com os espíritos curadores, concorremos para o alívio daqueles que sofrem. E como instrumentos dos espíritos educadores, contribuímos para o adiantamento moral de nossos irmãos. Ao desenvolvermos nossa mediunidade, lembremo-nos de que ela nos é dada como um arrimo para mais facilmente conseguirmos a Perfeição e para mais suavemente liquidarmos os pesados débitos que contraímos em existências passadas e para servirmos de guias a irmãos mais atrasados.

Vamos dar de graça o que Deus nos conceder, conforme nos ensinou Jesus. Nunca troquemos por algumas moedas o que a bondade de nosso Pai que está nos céus quer distribuir a seus filhos necessitados. Onde há interesse, por pequenino que seja, não há caridade.

O Aparecimento da Mediunidade

Chegada a hora em que devemos iniciar o nosso trabalho mediúnico, de nosso corpo começa a desprender-se uma irradiação fluídica-nervosa. Essa irradiação possui um certo brilho, de maneira que ficamos envolvidos por uma espécie de luz espiritual. Os espíritos sofredores, buscando alívio, são irresistivelmente atraídos por essa luz. Uma vez agarrados a nós, não nos largam até que lhes seja indicado o modo de alcançarem um pouco de melhora para seu estado.

Conquanto os espíritos não sofram fisicamente, sofrem moralmente. Alguns se acham tão perturbados, com seu perispírito tão materializado, suas percepções espirituais são tão pequenas que sentem ainda todas as sensações físicas, principalmente as que experimentaram no momento da agonia. Se um espírito nessas condições se acerca de uma pessoa cuja mediunidade está aparecendo, transmite-lhe as sensações que está sentindo.

Os sinais mais comuns do aparecimento da mediunidade são os seguintes: cérebro perturbado, sensação de peso na cabeça e nos ombros; nervosismo: ficamos irritados até por motivos sem a menor importância; desassossego; insônia; arrepios, como se percebêssemos passar por nós alguma coisa desagradavelmente fria; sensação de cansaço geral, lassidão; às vezes, calor, como se estivéssemos encostados a qualquer coisa quente; falta de ânimo para o trabalho; profunda tristeza ou excessiva alegria sem sabermos por quê. Estes são os sinais mais frequentes; dia a dia se acentuam e, à medida que as relações fluídicas entre a pessoa e os espíritos sofredores se fortificam, a saúde se altera, devido à enorme carga de fluidos impuros que o corpo armazena. O remédio capaz de produzir um resultado apreciável é o desenvolvimento da mediunidade. Médiuns desenvolvidos que nós nos tornemos, as causas da perturbação desaparecerão e a tranquilidade voltará a reinar em nosso íntimo e a saúde em nosso corpo. E, sobretudo, teremos a grata satisfação de termos concorrido para a felicidade de irmãos que sofriam e quiçá nos eram queridos.

Se tivermos o hábito de viver uma vida regrada e dentro de um círculo moral elevado, seremos auxiliados por espíritos bondosos, os quais abrandarão as terríveis consequências da perturbação causada pelos espíritos sofredores. Porém, somente isso não basta. Se não tratarmos o quanto antes de nosso desenvolvimento, a nossa faculdade mediúnica se transformará em verdadeiro tormento e as amarguras nos farão compreender o Caminho, a Verdade e a Vida.

O Desenvolvimento da Mediunidade

Desenvolver a mediunidade é aprender a usá-la. Antes de tudo, devemos procurar um Centro Espírita que, por indicação de espíritas conhecedores da doutrina, mereça nossa confiança; aí, sob a orientação prudente do diretor dos trabalhos do Centro, iniciaremos o nosso desenvolvimento. Não desenvolvamos nossa mediunidade em sessões espíritas particulares ou familiares, como são também chamadas; essas sessões, quando não dirigidas por pessoas de seguro conhecimento doutrinário, quase sempre constituem terríveis focos de obsessão. É conveniente que iniciemos e terminemos nosso desenvolvimento num mesmo Centro; depois de bem desenvolvidos, podemos ir trabalhar em outro Centro. Só façamos nossos exercícios mediúnicos no Centro e nos dias para isso designados; nunca em casa; fora do Centro, não nos preocupemos com nossos trabalhos espirituais.

Para que sejamos bem-sucedidos, cultivaremos as seguintes virtudes: a paciência, a perseverança, a boa vontade, a humildade e a sinceridade.

Paciência; a mediunidade não se desenvolve de um dia para outro; geralmente, gastam-se meses e mesmo anos. Ninguém pode marcar um limite de tempo dentro do qual se processe o completo desenvolvimento. Há médiuns que se desenvolvem em algumas semanas, outros, em meses e outros levam anos. Não nos impacientemos; não façamos conta do tempo; nosso único interesse é que nossa mediunidade seja bem desenvolvida; e para isso tenhamos muita paciência.

Sem perseverança nada se alcança. O desenvolvimento da mediunidade exige que sejamos persistentes. Marquemos uma noite certa por semana para os nossos trabalhos mediúnicos e, aconteça o que acontecer, não faltemos à reunião. Uma mediunidade bem desenvolvida é fruto da perseverança.

À paciência e à perseverança ajuntaremos a boa vontade. Ter boa vontade é comparecermos alegres e cheios de satisfação às sessões. É esforçarmo-nos o mais possível durante os momentos consagrados ao nosso desenvolvimento.

A humildade é a virtude pela qual reconhecemos que tudo vem de Deus, nosso Pai, e nós, por nós mesmos, nada podemos fazer. Por isso, nunca nos orgulhemos de nossa mediunidade, por mais prodigiosa que ela pareça ser.

Deus ama os humildes e abate os orgulhosos. Para merecermos que Deus consinta que bons espíritos nos auxiliem, cultivemos a humildade. Para sermos humildes devemos ser bondosos para com todos, porque a bondade é a mais bela forma da humildade. E para adquirirmos essa virtude, nutramos o ardente desejo de sermos realmente úteis e bons.

Sinceridade; o médium sincero é aquele que transmite fielmente o que os espíritos ditam, mesmo que a comunicação seja contrária ao seu modo de pensar, ou seja uma admoestação a si mesmo. Se faltarmos com a sinceridade no desempenho de nossas funções mediúnicas, cedo ou tarde sofreremos decepções.

São estes os cinco pontos sobre os quais refletiremos profundamente e os teremos sempre na memória; deles depende o bom ou o mau êxito de nossa iniciação mediúnica.

Exercícios

Logo que tenhamos escolhido o Centro Espírita e formos admitidos a suas sessões, principiaremos a desenvolver nossa mediunidade.

À primeira vista ninguém nos poderá dizer qual a espécie de mediunidade que possuímos; somente a experimentação é que nos indicará se é escrevente, falante, auditiva ou outra qualquer. É depois de muitas sessões que nossa mediunidade se revelará; geralmente, precisamos procurar, pelo exercício, qual delas devemos desenvolver; a prática do dirigente dos trabalhos será um auxílio valioso, porque ele nos orientará ora num sentido ora noutro, até que a encontremos. Durante algum tempo faremos exercícios de escrita; se não derem resultado, faremos exercícios para o desenvolvimento da mediunidade falante, depois da auditiva, e assim por diante, até que se manifeste uma para a qual tenhamos facilidade; então, abandonaremos as outras e nos dedicaremos somente a ela. Nunca pretendamos desenvolver várias mediunidades; uma única é o suficiente; quem quiser mais que uma, arrisca-se a não ter nenhuma.

Começamos por aprender a concentração. Concentrar-se significa pensar em uma só coisa; habituemo-nos a fixar o pensamento e não deixá-lo vagar. Quando nós nos sentarmos à mesa, esqueçamos completamente o que nos sucedeu durante o dia; libertemo-nos das preocupações; fixemos nosso pensamento unicamente em Deus, nosso Pai, e por meio de uma prece fervorosa peçamos-lhe que permita que um espírito bondoso se interesse por nós e nos ajude em nosso desenvolvimento.

Como desenvolver a mediunidade falante:

Feita a concentração, o dirigente da sessão pedirá a um espírito que se encarregue do desenvolvimento do futuro médium, dizendo mais ou menos o seguinte: – O irmão que quer desenvolver nosso irmão Fulano manifeste-se em nome do Senhor!

Dedicará uns cinco minutos a cada médium em desenvolvimento e fará três ou quatro pedidos durante esse tempo. Notando que o médium está sendo influenciado pelo espírito, procurará travar conversação com ele. A principal dificuldade a vencer consiste em fazer com que o médium não segure a comunicação. Quase todos os médiuns em desenvolvimento não deixam que o espírito fale, apesar de atuados, o que atrasa muito o desenvolvimento. Logo que o médium deixar que o espírito fale livremente, o desenvolvimento se operará com facilidade. Quando o espírito começa a atuar, o médium sente a sensação de um leve choque elétrico, que lhe percorre o corpo e o faz estremecer; a respiração se acelera e o coração pulsa mais rápido; parece que alguma coisa lhe envolve a cabeça; uma porção de pensamentos lhe aflui ao cérebro e é tomado de um grande desejo de repetir em voz alta esses pensamentos. No começo, o médium julga que esses pensamentos são seus e, por isso, reprime a manifestação do espírito; não deve reprimi-la; deve falar, repetir o que o espírito está ditando. Terminada a manifestação, o espírito se retira e o médium volta ao seu estado normal. As primeiras comunicações são palavras soltas e frases quase que sem sentido; com o progredir do desenvolvimento, a comunicação se tornará concatenada até se transformar em preleções e conversações com os presentes.

Como desenvolver a mediunidade escrevente:

O médium em desenvolvimento senta-se à mesa; toma um lápis e papel e coloca-se na posição de quem vai escrever; deixará a mão relaxada ou bem mole, como se costuma dizer; concentra-se. Quando o espírito começar a atuar, o médium sentirá que sua mão é puxada ora para um lado ora para outro; é deixar que o espírito atue; não forçar a mão nem retesar os músculos, o que dificulta e quase impede a ação do espírito; não prestar atenção ao que o espírito escreve; conservar-se bem concentrado. Nas primeiras sessões é muito natural que nada consiga; com o continuar dos exercícios, irá riscando o papel, traçando letras, em seguida palavras, depois frases e, por fim, mensagens completas.

Como desenvolver a mediunidade audiente:

Esta mediunidade, para ser desenvolvida com êxito, exige muita sinceridade da parte do médium, porque só ele ouve o que o espírito quer transmitir. O médium concentra-se. O diretor dos trabalhos fará o seguinte pedido: — O irmão que quer desenvolver nosso irmão Fulano pode ditar-lhe que ele nos repetirá suas palavras. Com o decorrer dos exercícios, o médium irá ouvindo os espíritos; distinguirá a voz de cada um e reconhecerá a muitos; poderá conversar com eles, dirigindo-lhes perguntas pelo pensamento, às quais eles responderão. É preciso ter o cuidado de não dar ouvidos a irmãos inferiores; insinuam-se com gracinhas ou palavras vaidosas e, quando percebem que o médium se compraz em ouvi-los, tornam-se companheiros irritantes e difíceis de serem evitados.

Como desenvolver a mediunidade vidente:

Para desenvolver-se esta mediunidade, procede-se da seguinte maneira: concentrados, procuramos ver, ora com os olhos abertos ora com eles fechados. Depois de continuados exercícios, principiaremos a perceber qualquer coisa, como que uma névoa rala e luminosa; essa névoa, aos poucos, adquirirá forma até que distinguimos os traços dos espíritos que estão presentes. A visão mental se apresenta ao médium como se ele estivesse revendo alguém em pensamento. A princípio são apenas imagens vagas que se tornarão nítidas à medida que o desenvolvimento progride.

Como desenvolver a mediunidade intuitiva:

O médium mune-se de papel e lápis e concentra-se. Em seguida, anotará todos os pensamentos que lhe aflorarem ao cérebro. Os primeiros pensamentos que consegue receber dos espíritos são confusos, frases sem nexo, palavras soltas. É comum o médium julgar que tais pensamentos são seus; não importa, deve escrevê-los e depois analisá-los. Com o progredir do desenvolvimento, os pensamentos afluirão cada vez mais claros e precisos e, com a prática, o médium facilmente distinguirá o que é seu do que é dos espíritos.

Como desenvolver a mediunidade inspirada:

O desenvolvimento da mediunidade inspirada difere radicalmente do das outras mediunidades. Na mediunidade falante, os espíritos se servem dos órgãos vocais do médium; na escrevente, da mão; na audiente, dos ouvidos; na vidente, dos olhos; na intuitiva, do cérebro; na mediunidade inspirada, os espíritos se utilizam da inteligência e do saber do médium. Os espíritos inspiram ao médium somente o que está ao alcance de sua compreensão; deduzimos, por conseguinte, que quanto mais cultivada estiver a inteligência do médium tanto mais inspirado será. Para cultivar a inteligência e aparelhar-se para ser um bom médium inspirado é preciso ler muito; fazer da leitura dos bons livros um hábito; estudar profundamente o Espiritismo e o Evangelho.

A tarefa dos médiuns inspirados é pregar o Evangelho e ensinar o Espiritismo. Estudando, pregando e ensinando, o médium será facilmente inspirado pelos espíritos que lutam pelo progresso espiritual da humanidade.

É comum o sono se apoderar de nós durante os momentos em que estamos sentados à mesa, orando e concentrados. Evitaremos esse inconveniente, se tivermos cuidado com nossa alimentação. Nos dias de nosso comparecimento às sessões, jantaremos pouco, isto é, nossa refeição da tarde será leve, de maneira a não nos deixar o estômago muito cheio. A digestão de uma sopa, por exemplo, não provocará a sonolência que acompanha a digestão de alimentos sólidos e pesados.

Os Habitantes do Mundo Espiritual

O primeiro cuidado de quem aporta a um país estrangeiro é procurar conhecer os usos e os costumes de seus habitantes. A prudência manda que o viajante assim proceda, para evitar imprevistos desagradáveis e para saber como se comportar. A mediunidade nos leva ao infinito mundo espiritual, que também tem suas leis, usos e costumes próprios.

É um erro supor-se que a morte concede ao espírito a sabedoria plena ou a inteira posse do sentimento; não lhe dá nem uma nem outra coisa; o espírito desencarnado continuará a ser o mesmo que era quando encarnado. Era o encarnado uma pessoa bondosa? A morte o fará um espírito bom. Era uma pessoa de mau coração? A morte o fará um espírito malévolo. E continuam a viver: o bom, espalhando o bem, engrandecendo-se e tornando-se um espírito superior; o mau, a pensar no mal, até que o sofrimento e as decepções o obriguem a procurar na prática do bem um alívio para sua consciência perturbada.

No mundo espiritual encontram-se espíritos dotados das maiores virtudes e de deslumbrante inteligência; lá também vivem espíritos portadores de vícios e de muita propensão para o mal. Há os mistificadores, que não se importam em assinar suas comunicações, sem valor algum, com os nomes de espíritos que veneramos; desconfiemos sempre dos nomes; a assinatura não é uma garantia de autenticidade. Há os espíritos brincalhões e zombeteiros, cujo maior prazer consiste em enganar com suas peças os indivíduos crédulos, que os escutam, e seguem-lhes os conselhos estultos e as indicações tolas. Há os orgulhosos que julgam tudo saber e ainda querem dominar. Há os malévolos que espalham por toda a parte a desarmonia, a malquerença, as rivalidades, principalmente nos Centros Espíritas, entre os médiuns e entre os diretores; aproveitam-se de nosso amor-próprio para conseguirem seus desígnios; servem-se da máxima astúcia para desviarem os médiuns de seus deveres. Nunca nos esqueçamos de que os médiuns estão sujeitos a terríveis lutas contra os espíritos ignorantes; somente quem já travou tais lutas é que pode avaliar-lhes a intensidade; para vencê-las é necessário muita prudência, muita fé, e possuir um intenso desejo de beneficiar os que sofrem.

Dentre os espíritos que se dedicam ao bem, citaremos: os curadores, que se esforçam por mitigar os sofrimentos da humanidade. Os consoladores, cuja função é espalhar pensamentos de fé e esperança entre os aflitos. Os espíritos educadores, que se encarregam de promover nosso progresso moral e intelectual. Há também outras categorias de espíritos que trabalham ativamente pela melhoria dos indivíduos, das famílias, das cidades e das nações.

Tais são, em curto resumo, os habitantes do mundo espiritual com os quais a mediunidade nos põe em íntima ligação. Conquistar a proteção e a simpatia dos bons e livrar-se o mais possível da influência dos maus é a grande tarefa à qual os médiuns devem aplicar-se constantemente.

Ao entrarmos em contato com os espíritos, revistamo-nos da máxima prudência. Sejamos prudentes como as serpentes, conforme nos recomendou o Mestre. Não acreditemos em tudo o que recebemos dos espíritos; vejamos primeiro se suas mensagens estão de acordo com o Evangelho e com os ensinamentos dos mestres. Todas as comunicações serão analisadas. Analisar uma comunicação é estudá-la palavra por palavra, linha por linha, trecho por trecho; e por fim aceitá-la, rejeitá-la ou pô-la em observação.

Aceitá-la: se pregar o bem; se versar fatos que os mestres já estudaram e cujos exemplos podem ser encontrados em seus livros; se puder ser comprovada facilmente.

Rejeitá-la: se contiver uma única palavra contra a lei da caridade; se trouxer elogios próprios a excitar a vaidade; se tratar de assuntos que o bom senso repele; se o que ensina for contrário àquilo que a longa prática firmou e comprovou.

Pô-la em observação: se a lição for nova. Quando múltiplas experiências a confirmarem, então será aceita.

A Lei da Afinidade Moral

O conhecimento e a aplicação da lei da afinidade moral fazem com que obtenhamos a proteção e a simpatia dos bons espíritos e evitemos a influência dos ignorantes.

Afinidade quer dizer semelhança. A lei da afinidade moral é a seguinte: — INDIVÍDUOS DE MORAL IGUAL SE ATRAEM E DE MORAL CONTRARIA SE REPELEM. Esta lei rege nossas relações sociais tanto para os encarnados como para os desencarnados. Ela não só seleciona nossos amigos encarnados como também os espíritos que habitualmente nos assistem. Uma pessoa estudiosa não tem por companheiros habituais pessoas que se comprazem na ignorância; quem tem o vício de beber não procura a companhia do que é temperante; um perverso se une a outro perverso para praticarem o mal; um bom se une a outro bom para espalharem o bem. Por conseguinte, a lei da afinidade moral nos ensina que os bons se agrupam e repelem os maus; os maus se reúnem e evitam os bons. Um espírito bondoso não procura um médium orgulhoso; um espírito estudioso nada tem a fazer ao lado de quem não gosta do estudo; um espírito puro afasta-se de um médium que tenha vícios. Como pode um médium maldizente, invejoso e cheio de amor-próprio colaborar com os nobres espíritos que esclarecem a humanidade? É difícil para um espírito iluminado pregar o amor ao próximo por meio de um médium rancoroso e vingativo.

Concluímos, então, que para merecermos a assistência dos bons espíritos é preciso que nós também sejamos bons. Para não sermos vítimas de espíritos orgulhosos, devemos extinguir o nosso orgulho e abafar o nosso excessivo amor-próprio. Para não sermos manejados por espíritos perversos, nem sequer pensemos no mal. Fujamos dos vícios para não ficarmos rodeados de espíritos viciosos. Sejamos compassivos, fraternos, tolerantes, benevolentes e caridosos. Estabeleçamos afinidade moral com os espíritos virtuosos, porque este é o único meio de gozarmos de seus favores. Lembremo-nos de que onde está a Virtude não há lugar para os vícios. Onde reina o sincero desejo de praticar o bem não cabe nem um pouquinho do mal.

Higiene Física e Mental

Não julguemos que a mediunidade nos torna diferentes das outras pessoas ou que, porque somos médiuns, devamos viver uma vida especial e privarmo-nos das coisas boas que a existência nos oferece. A par do exercício de nosso medianato, temos também nossas obrigações para com a sociedade, para com nossa família e para conosco. Precisamos, por conseguinte, satisfazer aos compromissos que a nossa situação de encarnados nos impõe. A nossa perfeição espiritual resultará do bom desempenho de nossas tarefas materiais e espirituais. Para o completo êxito de nossos trabalhos mediúnicos é necessário que mantenhamos uma higiene física e mental. Um médium deverá ser saudável de corpo e de espírito; portanto, é necessário tratar dos dois: do corpo, porque é um instrumento de trabalho e somente um mal operário não cuida de suas ferramentas; e do espírito, porque é a nossa parte divina e imortal.

Cultivemos bons pensamentos. Os bons pensamentos trazem as boas palavras e presidem aos bons atos.

Sejamos amigos do estudo e da boa leitura, da leitura sadia e construtora dos elevados caracteres. Felizmente a literatura espírita lá nos oferece ótimos livros cujos ensinamentos desenvolvem nossas virtudes e aumentam nossa cultura.

Adquiramos o hábito salutar de lermos diariamente um pequenino trecho do Evangelho. As lições do Evangelho nos ensinam a construir nossa felicidade aqui e no mundo espiritual para onde iremos mais tarde.

Sejamos moderados. A moderação em todas as coisas conserva-nos a saúde e nos proporciona a higiene física. Cultivemos a oração. A oração diária, feita em recolhimento, é um poderoso fortificante espiritual e um benéfico exercício de higiene mental.

O Protetor do Médium

Logo que iniciamos nosso desenvolvimento mediúnico, é-nos designado um espírito protetor, o qual trabalhará conosco no desempenho de nossas funções mediúnicas, proteger-nos-á das investidas dos espíritos malévolos e nos orientará para que nossa mediunidade produza resultados benéficos. Cada médium tem o seu protetor, que é um espírito esclarecido e possuidor da experiência que este gênero de trabalho requer às vezes, é um nosso parente ou amigo; e pode ser também um espírito que não conhecemos, mas, ao qual estamos ligados por laços de afeto e simpatia, desde épocas remotas. O grau de adiantamento de um espírito protetor está em relação com o grau de adiantamento de seu protegido: quanto mais adiantado for o médium tanto mais elevado será seu protetor. Os nossos trabalhos mediúnicos são realizados com sua presença; sempre que precisarmos dele para tributarmos a alguém os benefícios de nossa mediunidade, chamemo-lo por meio de uma prece fervorosa e imediatamente o teremos ao nosso lado, cooperando conosco.

É comum acontecer que o espírito protetor tenha de se retirar, ou porque chegou sua vez de se reencarnar, ou porque irá executar tarefas em outros planos do Universo; nesse caso será substituído por um espírito da mesma categoria.

Tomemos nota de um ponto muito importante: o protetor de um médium não lhe poderá dar bens materiais; não lhe dará conselhos ou indicações para tratar de negócios; não o livrará de suas provas ou expiações; nem lhe satisfará caprichos ou mesquinhas ambições. As obrigações de um espírito protetor junto de um médium são todas de ordem puramente espiritual e é nesse sentido que devemos compreender sua proteção. Peçamos-lhe que nos auxilie a obter a riqueza da espiritualidade, certos de que, quanto mais espiritualizados estivermos, tanto menos necessitaremos das coisas da Terra.

Qualidades de um Bom Médium

Rigorosamente falando, os bons médiuns são raros. A maioria, geralmente, apresenta um ou outro defeito que lhes diminui a qualidade de bons. O defeito, por pequeno que seja, é sempre de origem moral. Entretanto, o médium que reunir as cinco virtudes seguintes pode ser qualificado de bom: SERIEDADE, MODÉSTIA, DEVOTAMENTO, ABNEGAÇÃO E DESINTERESSE.

A seriedade é a virtude que um médium possui de só utilizar sua mediunidade para fins verdadeiramente úteis, exercendo-a como um nobre sacerdócio.

A modéstia é a virtude pela qual um médium reconhece que é um simples instrumento da vontade do Senhor e, por isso, não se envaidece nem se orgulha de sua mediunidade. Não faz alarde das comunicações que recebe, porque sabe que foi apenas um simples intermediário. Não se julga ao abrigo das mistificações e, quando é mistificado, compreende que isso aconteceu em virtude das falhas de seu caráter ou devido a algum erro de sua conduta; procura, então, corrigir-se para afastar de si os espíritos mistificadores.

O devotamento é a virtude pela qual um médium se dedica ardentemente ao benefício de seus irmãos que sofrem. O médium devotado considera-se um servo do Senhor e, por isso, não despreza nenhuma oportunidade de servi-lo, auxiliando a todos quantos necessitam dos cuidados dos espíritos de Deus.

A abnegação é a virtude pela qual um médium leva o seu devotamento até o sacrifício. O médium abnegado não hesita em renunciar a seus prazeres, a seus hábitos, a seus gostos, quando se trata de prestar socorros mediúnicos a quem quer que seja.

O desinteresse é a virtude pela qual um médium dá de graça o que de graça recebeu.

O médium desinteressado nem mesmo esperará um agradecimento dos homens.

Eis expostas as cinco virtudes que devemos cultivar, se quisermos merecer o qualificativo de bons médiuns.

O que Faz um Médium Fracassar

De *O Livro dos Médiuns*, de Allan Kardec, retiramos as dez seguintes causas que levam um médium ao fracasso; são elas: falta de análise das comunicações, leviandade, indiferença, presunção, orgulho, suscetibilidade, exploração, egoísmo, inveja e elogios.

A falta de rigorosa análise das comunicações dá margem a que espíritos mistificadores, através de ditados extravagantes, desviem o médium e esterilizem sua mediunidade, que nada mais produzirá de útil.

A leviandade é própria dos médiuns que não tomam a sério sua mediunidade e a utilizam para futilidades. Os médiuns levianos vivem constantemente rodeados de espíritos brincalhões e zombeteiros, dos quais nada de bom se pode esperar.

A indiferença caracteriza os médiuns que não procuram melhorar seu procedimento e não tiram proveito dos conselhos que os espíritos protetores lhes dão. Os médiuns indiferentes acabam sendo abandonados por seus protetores, porque os espíritos de boa vontade só auxiliam os médiuns que trabalham ativamente para sua própria reforma moral.

A presunção é o traço distintivo dos médiuns que julgam que só recebem comunicações de espíritos elevados e, por isso, acreditam-se infalíveis. Os médiuns presunçosos arriscam-se a serem facilmente mistificados.

O orgulho: os médiuns orgulhosos pensam valer mais do que seus companheiros e que nada mais precisam aprender. Duras lições os reconduzirão à humildade da qual se afastaram.

A suscetibilidade demonstra que o médium possui excessivo amor-próprio. Lembremo-nos de que o amor-próprio é causador de inúmeras quedas. Os médiuns suscetíveis melindram-se quando as comunicações são analisadas, ressentem-se por qualquer motivo e se esquecem de praticar a sublime virtude que se chama Tolerância.

A exploração da mediunidade traz gravíssimo fracasso. O Espiritismo veio para destruir o egoísmo e não para reforçá-lo; por isso o médium que usa sua mediunidade para explorar seus irmãos desvirtua sua nobre finalidade.

Os médiuns egoístas são aqueles que usam sua mediunidade somente em proveito próprio, esquecidos de servir ao próximo. É claro que os espíritos do bem evitam esses médiuns, os quais passarão a ser assistidos por espíritos ignorantes.

A inveja é o defeito dos médiuns que ficam despeitados, quando outros médiuns produzem mais e melhor do que eles. Não há motivos para invejar ninguém; quem quiser ser alvo das atenções dos espíritos elevados que se esforce por merecê-las pela prática do bem e por um comportamento exemplar.

Um médium nunca dará ouvidos a elogios, venham eles de onde vierem. O elogio desperta nosso amor-próprio e alimenta nosso orgulho. É conveniente sabermos que os homens e os espíritos verdadeiramente superiores dificilmente elogiam e, quando o fazem, é com palavras de estímulo que nos revelam o muito que ainda nos falta trabalhar para concluirmos o que nos propusemos realizar.

Como vemos, as causas do fracasso residem dentro do próprio médium; por isso é necessária a máxima vigilância para não deixarmos que elas produzam seus maléficos efeitos.

A Suspensão da Mediunidade

Pode acontecer que sejamos obrigados a suspender temporariamente o exercício de nossa mediunidade. Nesse caso, devemos pedir a Deus que nos desobrigue dela, enquanto houver o empecilho. Para isso, no momento de nossas orações, faremos esta prece: – "Senhor, bem vedes que devo agora satisfazer ao compromisso de ... (nomear o compromisso), o que me impedirá por algum tempo de cumprir regularmente os meus deveres de médium. Eu vos rogo que me concedais esta licença, prometendo-vos continuar a prestar meus serviços mediúnicos logo que cessar este impedimento".

É bom tomar nota deste ponto importantíssimo: o motivo que levará um médium a solicitar uma licença deverá ser muito sério; do contrário, a petição não será atendida. Cada um de nós julgará conscienciosamente se, de fato, há mesmo absoluta necessidade da suspensão temporária da mediunidade, levando em conta que um trabalho interrompido atrasa quem o interrompe. Citaremos algumas razões normais que autorizam um médium a licenciar-se:

VIAGENS: Tendo de viajar ou de ausentar-se da cidade por algum tempo.

SERVIÇOS: Os empregados dependem de seus patrões. É comum trabalharem em seus empregos em serviços extras que lhes roubam os instantes em que deveriam estar no Centro. É preciso rogar a Deus, em constantes orações, que os livre das obrigações materiais nas horas consagradas a suas obrigações espirituais, certos de que o Senhor tomará a si o cargo de lhes dar a recompensa extra.

ESTUDOS: Os estudantes, nas épocas das aulas, se o horário das aulas não lhes permitir uma frequência assídua ao Centro.

A GESTAÇÃO: Durante o período da gestação é aconselhável que as gestantes se abstenham de praticar a mediunidade. Frequentarão, porém, o mais possível, o Centro.

O DEVER DE MÃE: As mães, cujos encargos para com os filhos são tão numerosos, principalmente quando os filhos são pequenos, podem solicitar, muito justamente, a suspensão provisória de sua mediunidade.

Embora com sua mediunidade suspensa, o médium não fica isento de certos deveres, de cujos cumprimentos depende sua tranquilidade. Assim, diariamente, dedicará alguns minutos à prece para tributar aos que sofrem os benefícios da oração ao Pai; para isso escolherá um momento em que possa estar despreocupado e se entregará à oração. É conveniente que seja todos os dias às mesmas horas; fará todo o possível para assistir às sessões do Centro e lerá diariamente um trecho do Evangelho e não se descuidará de sua higiene física e mental.

Desaparecendo a causa que motivou a suspensão da mediunidade, o médium reiniciará imediatamente suas funções mediúnicas, fazendo esta prece: — Obrigado, Senhor, por terdes feito cessar a causa que impedia o meu trabalho de médium; rogo-vos que me permitais trabalhar novamente e recuperar o tempo perdido.

Depois que houver desaparecido a causa que motivou a suspensão, se o médium persistir em continuar afastado, recomeçarão as perturbações e as perseguições dos espíritos inferiores e é fácil o médium ser cruelmente obsedado.

Pode acontecer também que o médium tenha sua mediunidade suspensa por ordem superior, isto é, os diretores espirituais do médium resolvem cancelar-lhe a mediunidade, provisoriamente. Quando isso sucede, temos a considerar duas razões:

1ª) Os diretores espirituais suspenderam a mediunidade para que o médium passe por um período de repouso, durante o qual sua organização físico-espiritual se reajusta e se fortalece, preparando-se assim para novos e acérrimos combates contra as trevas e para fecundos trabalhos no futuro.

2ª) Por um erro do médium. O médium que se desvia do reto caminho, entregando-se a atos contrários à moral, pode ter sua mediunidade cancelada, por piedade de seus diretores espirituais, para que dela não lhe provenham males maiores.

Quando, independentemente de sua vontade, o médium perceber que sua mediunidade está suspensa, deve fazer um rigoroso exame de consciência. Se não descobrir nenhum desvio do reto caminho, é porque deverá passar por um período de repouso. Caso contrário, apressar-se-á a corrigir o erro que motivou sua suspensão, para novamente merecer os favores do Alto.

A Lei da Afinidade Fluídica

Os médiuns não podem servir de instrumento a todos os espíritos, indistintamente. As manifestações dos espíritos são reguladas pela lei da afinidade fluídica. Esta lei é a seguinte: – Para que uma manifestação se produza é preciso que o perispírito do médium tenha afinidade fluídica com o perispírito do espírito que se quer manifestar.

A lei da afinidade fluídica tanto rege as manifestações de efeitos físicos como as de efeitos intelectuais. Nos fenômenos de efeitos físicos, os fluidos emitidos pelo médium devem combinar-se com os do espírito manifestante; se não houver afinidade fluídica entre os dois, os fluidos não se combinarão e não se produzirão os fenômenos. Do mesmo modo, nas manifestações intelectuais, se os dois perispíritos, o do médium e o do espírito, não se ligarem por falta de afinidade fluídica, a comunicação não terá lugar, embora o espírito se encoste ao médium. Assim, pode acontecer que o espírito esteja presente à reunião, queira comunicar-se, mas não encontra o médium com o qual tenha afinidade fluídica; nesse caso, nem o espírito nem o médium poderão fazer algo para que haja a desejada comunicação.

Não confundamos a lei da afinidade fluídica com a lei da afinidade moral. Uma nada tem de comum com a outra. Entre um determinado espírito e um médium pode haver afinidade fluídica e não haver afinidade moral e pode haver afinidade moral e não haver afinidade fluídica. A afinidade fluídica depende da constituição do organismo espiritual do médium e da do espírito. A afinidade moral é a consequência do adiantamento alcançado pelo médium e pelo espírito

Os Fluidos

Podemos iniciar o estudo dos fluidos por qualquer coisa: por uma pedra, por um pedaço de metal, por um vegetal, por um pouco de ar e por nosso próprio corpo, se o quisermos; porque tudo é composto de substâncias fluídicas que se combinam, solidificam e tomam formas mediante a ação das leis da Física e da Química e formam em nosso planeta os três reinos da natureza: o animal, o vegetal e o mineral.

Analisemos uma flor: é composta de substâncias fluídicas que se associaram de acordo com as leis da natureza. Ao aspirarmos o perfume da flor, aspiramos um fluido.

Examinemos um organismo humano: assim que o óvulo é fecundado inicia-se a operação da condensação de fluidos que lhe chegam através da alimentação materna. E nasce e para manter-se usa fluidos, quer em forma de alimentos quer no ar que respira. Quando se tornar um cadáver, observaremos que a putrefação o transformará: com o passar dos dias, ali onde havia ossos, carne, sangue, nervos etc., nada mais resta; as substâncias fluídicas que formavam aquele corpo voltaram ao reservatório universal; quando as leis naturais que as mantinham coesas e combinadas deixaram de atuar.

Pensa-se hoje que todos os fluidos sejam derivados de um único fluido, o qual, mediante a atuação de poderosas forças cósmicas, multiplica-se na variedade imensa de fluidos que enchem o espaço e de cujas combinações se origina o Universo. A esse fluido em seu estado primitivo e livre de qualquer modificação dá-se o nome de fluido cósmico universal. Os seres e as coisas, desde o ínfimo micróbio da Terra aos radiosos mundos celestes, estão mergulhados no fluido cósmico universal e são interpenetrados por ele. Fonte perene da vida, é uma dádiva do Pai celestial a todos os seus filhos que extraem no fluido cósmico universal o alimento por excelência para a economia de seus organismos, não só do organismo material como também do espiritual. Cada um o assimila de acordo com sua possibilidade orgânica e o recebe principalmente através da respiração.

Além dos fluidos do ambiente terreno, recebemos do Alto outros fluidos que emanam diretamente da esfera divina de Jesus, os quais são manipulados por ele e seus colaboradores. Chegam à Terra em forma de nuvens e trazem saúde, bem-estar, calma, resignação, coragem e alegria para todos; porém, são poucos os encarnados que se beneficiam integralmente desses fluidos: para que nosso perispírito esteja em condições de assimilá-los é necessário cultivar a pureza de pensamentos, palavras e atos. Essas nuvens de fluidos banham a Terra e constituem uma fonte inesgotável onde os espíritos curadores vão buscar os remédios espirituais para beneficiarem os doentes que se fizeram dignos de receber tais favores.

Assim como há o ar puro e balsâmico que tonifica há também os fluidos puros que nos revigoram e os fluidos impuros que nos abatem. A ação dos fluidos sobre nós é contínua. O pensamento é a força com a qual movimentamos os fluidos, atraindo-os e irradiando-os. Pensamentos puros movimentam fluidos puros; pensamentos impuros movimentam fluidos impuros. Se recebemos a dádiva celeste do fluido cósmico universal, independentemente de qualquer esforço de nossa parte, o mesmo não acontece com os outros fluidos. Recebemos os outros fluidos segundo a aplicação que dermos à nossa inteligência; inteligência moralizada, voltada ao bem, dá direito à recepção de fluidos benéficos; inteligência desmoralizada, isto é, entregue aos vícios e ao mal, só dá direito aos fluidos maléficos ao corpo e à alma.

Cura pelo Espiritismo

O Espiritismo não faz milagres; unicamente descobriu algumas das leis que regem os fluidos e as aplica em benefício da humanidade sofredora. As leis que já conhecemos são as seguintes:

1. Uma moléstia é causada por fluidos impuros que foram assimilados pelo organismo, ou que se produziram nele.
2. Se retirarmos de um doente os fluidos impuros que o contaminam e em lugar deles colocarmos fluidos puros a cura se realizará. Este é o fundamento da cura pelo Espiritismo.
3. Um espírito conhecedor dos métodos da cura espiritual pode injetar em um corpo doente um remédio em forma fluídica.
4. Um espírito curador para tratar de um doente precisa de um médium que possua a mediunidade curadora, do qual retira o fluido magnético que serve de veículo aos remédios fluídicos.
5. A força que movimenta os fluidos é a força magnética, tanto mais forte quanto maior for a vontade do médium e a do espírito em realizarem a cura.
6. A vontade do médium junto com a vontade do espírito curador não bastam se não houver a vontade do doente para auxiliar a cura.
7. A vontade do médium aliada à vontade do espírito curador condensam e dirigem o fluido curativo; o doente pela sua vontade atrai para si a irradiação fluídico-magnética que o curará. No caso de estar o doente impossibilitado de agir por vontade própria – por exemplo: uma criança – poderão substituí-lo na fé e nas orações os seus familiares.
8. O Espiritismo não cura todas as doenças. O êxito do tratamento espiritual depende da fé viva alimentada pelo doente – ou seus familiares - e pelo *médium*.

9. Os focos que produzem os fluidos impuros causadores das doenças estão localizados no perispírito. O mal, os vícios e as paixões inferiores produzem manchas em nosso perispírito; dessas manchas se originam os focos de infecção que arruinarão nosso corpo nesta encarnação ou nas futuras; por isso, qualquer um de nós pode estar com seu perispírito manchado pelo péssimo modo de viver em encarnações passadas ou pode manchá-lo agora, se não souber viver dignamente. Procurando-se a causa de uma moléstia e não a encontrando na vida presente, a origem estará em uma encarnação anterior.
10. A condição essencial para que um doente mereça a cura espiritual é que se moralize. Adotando hábitos de higiene física e mental; procurando viver de acordo com os ensinamentos do Evangelho, o doente extingue em seu perispírito os focos de impurezas que arruinaram a saúde do corpo.
11. Todos os espíritos, encarnados e desencarnados, irradiam constantemente fluidos. Esses fluidos são tanto mais puros e poderosos quanto maior for o grau de adiantamento moral a que o espírito chegou.
12. Todos os espíritos, encarnados e desencarnados, assimilam fluidos. Os fluidos que um espírito assimila guardam estreita relação com os pensamentos que habitualmente alimenta.

Os Remédios Espirituais

Os remédios espirituais diferem radicalmente dos remédios materiais. Enquanto que o remédio material ataca a doença superficialmente, isto é, apenas na manifestação física, o remédio espiritual age diretamente sobre a causa profunda que originou a moléstia, isto é, sobre as manchas apresentadas pelo perispírito. O remédio material cura o corpo e não cuida do perispírito; portanto, se a doença tem sua origem no perispírito, a cura será apenas aparente e momentânea, porque enquanto persistir a mancha perispiritual, sempre se manifestará a doença, quer sob uma forma quer sob outra. O remédio espiritual dirige-se especialmente ao perispírito, porque estando curado o perispírito, necessariamente o corpo material estará curado. Já é sabido por todos que o corpo material é o reflexo do perispírito, nosso corpo espiritual. Daí podemos tirar a seguinte conclusão lógica: corpo espiritual saudável é igual a corpo material saudável; corpo espiritual doente é igual a corpo material doente.

Conquanto o doente tenha por dever lutar por integrar-se na posse de saúde material, não deve esquecer-se de que a doença, principalmente essas que não encontram cura na Terra, é um remédio enérgico para a cura de seu corpo espiritual. E alguns doentes necessitam de mais do que uma reencarnação dolorosa, a fim de que seu perispírito possa curar-se das tremendas manchas adquiridas em existências passadas.

Os remédios espirituais consistem em fluidos. Os fluidos são ministrados aos doentes por dois meios: pelo passe e pela água fluida. Os passes são aplicados pelos espíritos curadores, geralmente com o concurso de um médium curador. E a água fluida é a água comum fortemente impregnada de fluidos.

A bondade divina não depende dos homens para manifestar-se. Assim sendo, os doentes que não puderem contar com o auxílio de um médium curador para se beneficiarem, poderão receber em seu próprio quarto os remédios espirituais de que necessitam: terem seus passes e sua água fluida. Para isso, procederão da seguinte maneira: escolherão uma determinada hora diária, sempre a mesma; será uma hora em que estarão o mais livre possível das preocupações materiais; colocarão sobre a mesa um copo d'água; orarão fervorosamente a Deus e a Jesus pedindo que um mensageiro possa ministrar-lhes um passe e fluir-lhes a água. Não se esquecerão de estender o benefício da prece a seus irmãos que sofrem, quer encarnados quer desencarnados, certos de que o que pedirem para os outros isso mesmo receberão. Cinco minutos, mais ou menos, de prece fervorosa e de boa concentração, é o suficiente. Em seguida, beberão a água confiantes em que estão ingerindo o remédio que lhes fará bem e que lhes foi transmitido um passe.

Os doentes incuráveis encontrarão profundo alívio se assim procederem. A resignação ante a prova ou expiação pela qual estão passando, a calma interior que passarão a desfrutar, lhes aligeirarão o pesado fardo e a Esperança brilhará em seus corações, clareando-lhes a estrada para a felicidade futura.

Médiuns Curadores

Os médiuns curadores são aqueles que possuem a mediunidade curadora. As pessoas dotadas dessa mediunidade podem curar um doente por meio de um passe ou de uma prece.

Os médiuns curadores irradiam abundantemente fluidos de alto poder magnético, dos quais os espíritos curadores se utilizam para a produção das curas e manipulação dos remédios fluídicos.

Usa-se a mediunidade curadora do seguinte modo: o médium concentra-se e pede a Deus que permita aos espíritos curadores que se apossem dos fluidos irradiados e os apliquem em benefício de todos os necessitados. Em seguida, continuará concentrado por mais um ou dois minutos; é o suficiente para que se processe a cura ou o alívio dos doentes que se tornaram dignos de tal benefício.

Conquanto a mediunidade curadora seja um dom que se traz ao nascer, todos podemos ser médiuns curadores, porque todos nós possuímos a força magnética; é verdade que não a possuímos no alto grau que a possuem os médiuns curadores; porém, com boa vontade, fé na Providência Divina e intenso desejo de aliviar os que sofrem, é possível distribuir muitos benefícios espirituais. Podemos e devemos proceder do modo acima indicado e, com o pouquinho de fluidos magnéticos que cada um de nós fornecer, os espíritos curadores enxugarão muitas lágrimas.

A Fé e a Prece

Há duas forças poderosas com as quais facilmente movimentamos as reservas fluídicas que o Senhor pôs à nossa disposição. Estas duas forças, tanto mais potentes quanto mais manejadas, são a fé e a prece.

A fé deve ser uma fé racional, isto é, devemos saber por que é que temos fé. A fé racional se adquire pelo estudo das leis divinas, consubstanciadas no Evangelho e nos ensinamentos do Espiritismo. Ter fé é ter confiança em Deus; é saber que velando por nós, amparando-nos e protegendo-nos está a Providência Divina. Ter fé é entregar o nosso destino ao Pai que está nos céus, certos de que tudo que ele nos der, dores e alegrias, pobreza e riqueza, saúde e doença, tudo é para nosso bem; porque tudo servirá para o aperfeiçoamento de nossa alma. Ter fé em Deus é ser resignado na adversidade e humilde na prosperidade. Ter fé é ter a certeza absoluta de que nada de mal sucederá, se Deus não o permitir; e se ele permitir que nos sobrevenha algum mal é porque o merecemos; se não o merecêssemos o mal não nos atingiria. A fé é uma força de atração: atrai sobre nós o socorro divino e ajuda-nos a socorrer aqueles que solicitarem o nosso auxílio.

A prece é um ato de fé. Pela prece adoramos a Deus, agradecemos-lhe os favores que nos faz continuamente e pedimos-lhe o de que necessitamos. A prece nos liga a Deus. Quando oramos, nosso pensamento, como um raio luminoso, projeta-se pelo infinito e vai tocar as regiões de luz de onde nos chegam as bênçãos do Senhor. A prece desenvolve, aumenta e fortifica a nossa fé. A fé depende da prece e a prece depende da fé; é impossível separar uma da outra. A verdadeira prece se caracteriza pelos seguintes pontos: deve ser feita com carinho e amor; deve ser um impulso espontâneo de nosso coração. Orar apenas com os lábios nada significa: devemos sentir a nossa prece; é preciso que vivamos de acordo com ela; orar de um modo e viver de outro é próprio dos hipócritas. Se pedimos ao Senhor que perdoe os nossos erros, devemos nós também perdoar os erros dos outros. Se pedimos ao Senhor que nos livre do mal, é nosso dever não praticar o mal. Se oramos ao Senhor que não nos deixe cair em tentação, precisamos resistir a todas as tentações, quando elas se apresentarem em nossa vida. Se rogamos ao Senhor que nos dê o pão nosso de cada dia, providenciemos para que não falte o pão a nossos irmãos menos favorecidos, uma vez que isso esteja ao nosso alcance; porque a lei é esta: — Aquilo que quiserdes para vós, isso mesmo fazei-o aos outros. Façamos nossa prece diária; depois vivamos o resto do dia de modo tal que nossos atos, palavras e pensamentos sejam uma glorificação ao Senhor. Para que a prece não se torne monótona e quase que automática pelo hábito, procuremos um motivo para orar; é preciso que a prece tenha um objetivo. É facílimo encontrar motivos para nossas orações diárias; basta repararmos ao nosso derredor e em nós mesmos; por exemplo: sabemos que há discórdia em uma família? Oremos para que a concórdia volte a reinar em seu seio; há doenças em um lar? Oremos para que lhe volte a saúde; há alguém em dificuldades? Oremos para que as possa vencer; um irmão desencarnou? Oremos para que o Senhor lhe conceda a compreensão de seu novo estado; descobrimos em nós um defeito? Peçamos ao Senhor que nos ajude a corrigi-lo; temos vícios? Roguemos ao Senhor que nos conceda as forças e a boa vontade para ficarmos livres deles. Assim, todos os dias podemos arranjar nobres motivos para dirigirmos ao Senhor nossas preces.

E quando tivermos desenvolvido dentro de nós a fé viva e racional e aprendido a orar com o coração, seremos felizes e nos transportaremos aos planos superiores da espiritualidade.

Não Esperemos Tudo dos Outros

Para recorrermos ao Senhor não precisamos de intermediários. Os bens de Deus são para todos os seus filhos e cada um de nós pode pedir a ele o de que necessita, sem que haja a interferência de terceiros. Tenhamos iniciativa. O Senhor espera que nós nos movimentemos em direção ao Bem para enviar-nos o seu auxílio. Para fluirmos a água, para ministrarmos um passe, por que valermo-nos de estranhos, quando nós mesmos somos suficientes para fazê-lo? Dirijamos nossas preces, nossas súplicas, a Deus; ele é o Senhor e determinará qual o mensageiro que virá ajudar-nos e por qual meio seremos atendidos.

Sabemos que a água é um ótimo veículo para os remédios espirituais porque pode ser facilmente magnetizada e impregnada de fluidos curativos. Para a cura de enfermidades e conservação da saúde nossa e de nossos entes queridos, nada mais simples e natural do que empregarmos o método da cura pelo copo d'água; consiste no seguinte: todas as noites, antes de deitar, coloquemos à cabeceira um copo d'água e roguemos ao Senhor que permita sejam ali depositados os fluidos úteis à reparação de nosso corpo. De manhã, após nossas orações, bebamos a água cheios de fé. Preparemos a água para nós e para nossos filhos e, depois das preces em conjunto, daremos a água a todos, confiantes na Providência Divina.

Utilizemos também os passes. Todos possuímos a força magnética que pode ser grandemente aumentada pela fé e pela prece. Como é belo e nobre o ato de um pai, de uma mãe que coloca as mãos na cabecinha de seu filho e roga ao Senhor por ele! Como é santificante o ato do esposo e da esposa que usam os recursos divinos em benefício da família inteira! A esse respeito, leiamos uma página escrita por Léon Denis, em seu livro, *No Invisível:*

– A vontade de aliviar comunica ao fluido magnético propriedades curativas. O remédio para nossos males está em nós. Uma pessoa bondosa e sadia pode atuar sobre os seres débeis e enfermiços e regenerá-los pela imposição das mãos. A fé vivaz, a vontade e a prece amparam o operador e o doente; quando ambos se acham unidos pelo pensamento e pelo coração a ação curativa é mais intensa.

Livre de todo o móvel interesseiro, praticado com um fim de caridade, o magnetismo vem a ser a medicina dos humildes e dos crentes, do pai de família, da mãe para com os filhos e de quantos sabem verdadeiramente amar. Sua aplicação está ao alcance dos mais simples. Não exige senão a confiança em si, a fé no poder de Deus, que por toda a parte faz irradiar a força e a vida. Como o Cristo e seus apóstolos, como os santos e os profetas, todos nós podemos impor as mãos e curar, se temos amor aos nossos semelhantes e o ardente desejo de auxiliá-los.

Quando se considera todo o poder do magnetismo curativo e os serviços que já tem prestado à humanidade, sente-se que nunca é demasiado protestar contra as tendências dos poderes públicos, em certos países, no sentido de lhe embaraçar o livre exercício. Assim procedendo, violam-se os mais respeitáveis princípios, calcam-se aos pés os sagrados direitos do sofrimento.

O magnetismo é um dom de Deus. Regular-lhe o uso, evitar o abuso é justo. Impedir, porém, sua aplicação é usurpar a ação divina. É atentar contra a liberdade e contra o progresso da ciência. É fazer obra de obscurantismo.

A Obsessão

A obsessão é o ato pelo qual um espírito persegue uma pessoa. Um espírito obsessor é sempre um espírito malévolo. Os espíritos bons não obsedam ninguém.

Há quatro causas que dão origem às obsessões:

1ª) Deficiências morais

Sabemos que pela lei da afinidade moral cada um de nós participa de um grupo de espíritos cujos gostos e inclinações são iguais às nossas. Assim sendo, cada uma das imperfeições de nosso caráter atrai para junto de nós um espírito dotado da mesma imperfeição. Se além da afinidade moral existir também a afinidade fluídica, o espírito obsessor encontrará campo livre para agir sobre nós, isto é, influenciar-nos. É preciso notar que é a lei da afinidade moral que segura ao nosso lado os espíritos e não a lei da afinidade fluídica: a primeira seleciona nossos companheiros desencarnados e a segunda facilita-lhes a atuação.

2ª) Vingança de inimigos desencarnados

A segunda causa das obsessões manifesta-se quando possuímos inimigos desencarnados. Todos já tivemos muitas vidas. Já passamos pela fieira da ignorância e essa ignorância nos fez praticar muitas ações detestáveis; fez-nos ferir muitos de nossos irmãos. Quantos inimigos o orgulho, que é a forma mais terrível da ignorância, nos conquistou em existências anteriores e mesmo na atual? Pois bem, se um nosso desafeto estiver desencarnado e ainda não aprendeu a transformar o ódio em amor, e nós, de nossa parte, nada fizemos para merecer o perdão, ele pode exercer sobre nós sua vingança, atormentando-nos pela obsessão. E no desejo feroz de se desforrar desmantela nosso lar, joga-nos no fundo de uma cama ou na cela fria de um hospício. O ataque nem sempre visa à pessoa obsedada. O obsedado muitas vezes é apenas um instrumento com o qual o obsessor martiriza seu inimigo. O espírito obsessor atua particularmente sobre uma pessoa para ferir a família toda. A pessoa atacada é portadora de mediunidade. Aproveitando-se dessa mediunidade, o obsessor comete seus desatinos. Acontece essa espécie de obsessão apresentar-se com todas as características da loucura e também em forma de doença que nada consegue curar.

3ª) Mediunidade não desenvolvida

A mediunidade não desenvolvida produz obsessões, porque as pessoas que possuem a mediunidade e não a desenvolvem são facilmente atuadas pelos espíritos perversos e ignorantes. Há indivíduos que resistem e embora frequentemente molestados atravessam a vida; outros são mais fracos e, se não se desenvolverem, acabam obsedados. Os sinais do princípio dessa modalidade de obsessão estão descritos no capítulo: "O Aparecimento da Mediunidade".

4ª) Mediunidade mal-empregada

A mediunidade mal-empregada termina em cruel obsessão. O médium que não sabe cumprir seus deveres ou os cumpre movido pelo interesse pessoal, é abandonado pelos bons espíritos e se torna presa de espíritos criminosos, que não o deixarão ter sossego.

Um espírito obsessor nunca age só. Tal como os malfeitores encarnados se organizam em bandos para suas façanhas, também os obsessores andam em grupos, espalhando o sofrimento e inspirando o mal aos encarnados que se esquecem de orar e vigiar.

A Cura da Obsessão

A obsessão é uma doença espiritual e, por conseguinte, deve ser tratada espiritualmente. É melhor, quando se manifesta um caso de obsessão, procurar um Centro Espírita, cujos diretores já possuem a necessária experiência para cuidarem desta espécie de doença.

Procurado que seja o Centro Espírita, a família do obsedado não deve ficar inativa; é preciso que o tratamento seja auxiliado por todos. O concurso de toda a família é muito importante porque, como sabemos, nem sempre o visado é o obsedado, mas, sim, uma ou mais das pessoas que o cercam. Muitas vezes, o obsedado é um simples instrumento com o qual o espírito obsessor fere aqueles dos quais guarda ressentimento.

A prece presta um auxílio valioso. Todos, obsedado e seus familiares, orem humilde e sinceramente, implorando o socorro divino; estudem o Evangelho e passem a viver de acordo com seus ensinamentos; armem-se de resignação e paciência e aguardem serenamente que a misericórdia do Senhor se manifeste. Esperando a ambicionada cura, não se esquecerão de orar também pelo espírito obsessor: a oração carinhosa toca-lhe o íntimo e o predispõe para o perdão e o amor. Não pensem, contudo, que a cura se efetuará da noite para o dia. É raro que o obsessor se regenere e deixe sua vítima logo durante as primeiras sessões; geralmente passa algum tempo antes que ele se converta. Podemos tomar como lei o seguinte: – Enquanto o obsedado e sua família não pautarem seu viver de conformidade com os ensinamentos do Evangelho, não poderão influir decisivamente sobre o espírito obsessor para afastá-lo e livrarem-se de sua influência.

Indicaremos os modos pelos quais se combatem as obsessões com êxito. Porém, é bom notar que a frequência assídua a um Centro Espírita é indispensável:

Quando a obsessão é causada por deficiências morais é imprescindível que o obsedado reforme radicalmente seu caráter: se é dado aos vícios é preciso abandoná-los;

se é mau e vingativo é preciso tornar-se bondoso; se é orgulhoso é preciso tornar-se humilde e tratar a todos fraternalmente. Em resumo: é preciso refrear as paixões até extingui-las e transformar as más qualidades em boas.

Os espíritos desencarnados que guardam alguma queixa contra nós, podem vingar-se obsedando-nos. Para evitar que isso suceda, tenhamos o cuidado de não fazer inimigos. Se acontecer que haja algum atrito entre nós e outrem, dentro do menor prazo possível, devemos desfazer a inimizade e transformá-la em estima. Nunca deixemos que o excessivo amor-próprio abafe nossos bons sentimentos. Concluímos, então, que o único remédio para curar as obsessões causadas por inimigos desencarnados é o perdão mútuo. Nas sessões espíritas, encarnados e desencarnados entram em explicações e se perdoam.

O remédio para a cura de obsessões motivadas pela mediunidade é o desenvolvimento dessa mediunidade. Logo que o obsedado desenvolva sua mediunidade a obsessão cessa.

Todos os médiuns que desvirtuam sua mediunidade perdem a proteção dos espíritos superiores e passam a ser perseguidos pelos espíritos inferiores que lhes causam a obsessão. É obrigação de um médium zelar ativamente para nunca perder tal proteção. Entretanto, se isso acontecer, empregará todos os esforços para regressar ao bom caminho e manterá o firme propósito de nunca mais errar.

A Possessão

Quando o espírito obsessor tem com sua vítima uma afinidade fluídica quase perfeita, a obsessão apresenta um aspecto muito mais grave, porque se transforma em possessão.

As irradiações fluídicas do possesso, combinando-se muito bem com as do espírito possessor, fazem com que os perispíritos dos dois se unam; em seguida, o espírito possessor paralisa a vontade do encarnado e, daí por diante, subjuga-o inteiramente, a ponto de se notarem no possesso duas personalidades: a dele e a do possessor.

As características de um possesso são as de um louco furioso: corre pelas ruas, rasga a roupa, arroja-se ao chão, atira-se contra as pessoas etc. Outras vezes fala sozinho durante horas, faz discursos ou mantém conversas absurdas.

A Cura da Possessão

Cura-se a possessão organizando-se sessões especiais para a doutrinação do espírito possessor. A estas sessões não se admitem assistentes, nem mesmo os familiares do doente. Escolhem-se médiuns apropriadamente bem desenvolvidos. O doutrinador, os médiuns e o possesso são os únicos que participarão dos trabalhos. O possesso será colocado à mesa, entre dois médiuns. É comum o possesso levantar-se, andar pela sala, querer fugir; é deixá-lo e firmar a concentração. O doutrinador doutrinará energicamente o espírito. Caso haja necessidade, o possesso poderá ser seguro firmemente; mesmo segurando-o, todos devem estar concentrados, o melhor possível.

Dificilmente se conseguirá um resultado satisfatório logo nas primeiras sessões. Somente ao cabo de algum tempo é que se notará que o espírito começa a ceder, tornar-se mais manso, sentir desejos de largar sua vítima e regenerar-se.

Considerações Gerais Sobre as Obsessões

Do exposto em capítulos anteriores concluímos que a obsessão não é propriamente um mal e sim é uma advertência, e muito séria, de que a vida do obsedado e a das pessoas que o cercam não estão seguindo o curso normal: houve um desvio do reto caminho que conduz ao Pai, impõe-se uma retificação.

A causa principal que produz a obsessão é a falta de moralidade. O indivíduo moralizado não pode ser obsedado porque não oferece oportunidades para os obsessores atuarem.

A moralidade está toda contida no seguinte mandamento: AMEMOS A DEUS SOBRE TODAS AS COISAS E AO PRÓXIMO COMO A NÓS MESMOS.

Assim sendo, devemos ser: afáveis, corteses, bondosos, respeitadores dos direitos alheios, dos bens, e do modo de pensar dos outros; pacientes, humildes, mansos e pacíficos; obedientes às leis divinas e às humanas; indulgentes para com as faltas dos outros e rigorosos para com as nossas; por fim, tratar a todos como queremos ser tratados.

Corrigidas que sejam as imperfeições de nosso caráter, os espíritos obsessores se afastarão de nós: ou porque se regenerarão tocados pelo nosso exemplo, ou porque não encontrarão campo propício para agir.

Há casos em que um espírito antes de se encarnar pede que lhe seja permitido sofrer a prova da obsessão. Desse modo, poderá mais facilmente encaminhar para o reto caminho a família no seio da qual se encarna; nesse caso a vantagem é dupla: de um lado, corrige velhos erros de existências passadas e, de outro, obriga indivíduos retardatários a abrirem os olhos para a luz, embora à custa de sofrimentos.

A obsessão é de fácil cura quando todos, animados de viva fé, procuram firmemente seguir as leis de Deus. Entretanto, se o orgulho, o preconceito e o comodismo falarem mais alto, nada poderá ser feito a favor do obsedado.

É importante notar que nem tudo é obsessão; nem tudo é causado pelos espíritos; é preciso cuidado em julgar um caso. Muitas vezes um indivíduo se obseda a si mesmo, com alimentar ideias absurdas, ambições desmedidas, ou se entregar a leituras perniciosas. Quantos encarnados não há por aí a viverem uma vida que lhes desequilibra o sistema nervoso? Recomendamos muita observação e análise, antes de alguém se abalançar a tratar de uma pessoa que apresenta os sinais de obsessão.

Um ponto que deve ser tomado em consideração para o bom êxito da cura é a distração do doente. Nunca deixá-lo entregue a seus pensamentos; fazê-lo sair, passear, andar, ir a divertimentos, dar-lhe serviços para executar; enfim, obrigá-lo a livrar-se, o mais possível, da influência dos espíritos que o obsedam.

Os obsedados estão sempre com os corpos encharcados de fluidos impuros que lhes injetam os espíritos obsessores; daí o fato de apresentarem sintomas de mal físico. Realmente, de tanto se banharem em fluidos impuros acabam por ficar com a saúde alterada e quase sempre com algum órgão abalado. Vemos, então, que uns obsedados se queixam de dores nas costas, outros no peito, outros na cabeça, no estômago, nas pernas etc. É que o efeito dos fluidos maléficos se fez sentir onde penetraram com mais facilidade. Há, por conseguinte, um duplo tratamento a tentar: — Primeiro, doutrinar o obsessor; segundo, retirar do corpo enfermo os fluidos impuros. Para expulsar do corpo enfermo os fluidos impuros usa-se a água fluida e os passes. O fluido magnético dos médiuns, sabiamente dirigido pelos espíritos curadores, atua como uma força repulsora que ao penetrar no corpo do obsedado expele os fluidos impuros. A água fluida deve ser ministrada continuamente ao obsedado; altamente magnetizada age como um purgativo a cuja ação se desfazem os fluidos venenosos. Não nos esqueçamos da prece. É ela que toca o íntimo do espírito obsessor e lhe modifica os sentimentos; fá-lo esquecer o passado e mais depressa sentir desejos de iniciar uma vida melhor.

E quando todos os espíritos, os encarnados e os desencarnados, estiverem esclarecidos; quando todos procurarmos seguir a Moral Cristã ditada por Jesus; quando cada um de nós compreender e aplicar em sua vida diária o sublime mandamento: — AMAI-VOS UNS AOS OUTROS, então não haverá mais espíritos obsessores nem pessoas obsedadas. Nessa época, ainda imersa nas brumas de um futuro um tanto longínquo, mas que há de se tornar um radioso presente, todos estaremos irmanados na santificadora tarefa de concretizarmos na Terra o reino dos céus.

A Doutrinação

A doutrinação desempenha importante papel na cura das obsessões. Doutrinar é demonstrar ao espírito obsessor o mal que está praticando, o nenhum proveito que está tendo com o seu péssimo modo de agir, lembrá-lo da necessidade que há de reformar seu caráter à luz dos ensinamentos de Jesus, a fim de gozar de um pouco de felicidade.

Doutrinar é evangelizar. Para que um espírito seja doutrinado é preciso que se comunique por meio de um médium falante; o doutrinador entabula conversa com ele e, durante a palestra, o exortará a se regenerar; estudará suas intenções e procurará desviá-lo de seus maus propósitos. É uma tarefa penosa, longa e fatigante. Raramente o obsessor resolve abandonar sua vítima logo, durante as primeiras sessões. Não devemos desanimar. À força de ser envolvido pelos benéficos eflúvios da prece, auxiliado pelo seu anjo da guarda, reconhecendo o erro em que laborava, o espírito obsessor acaba cedendo e, agradecido, se torna um dedicado amigo e colaborador. E a obsessão cessa.

Não julguemos, porém, que se não fossem doutrinados pelos encarnados os espíritos inferiores deixariam de progredir. Há no mundo espiritual escolas onde todos aprendem a seguir o reto caminho e instrutores dedicados que guiam os espíritos atrasados. Se o Senhor permite que haja a comunicação de espíritos é para que sirvam de lições aos encarnados, a fim de que aprendam a evitar os erros que lhes acarretarão as funestas consequências observadas nos espíritos sofredores.

Qualidades de um Doutrinador

O doutrinador é a pessoa que doutrina. É o organizador da sessão e a ela preside. É também um médium do qual se servem os espíritos educadores para ensinarem e corrigirem não só os desencarnados como também os encarnados. A responsabilidade de um doutrinador é grande; é para sua pessoa que convergem os olhares dos habitantes dos dois mundos: da Terra e do espaço; por isso qualquer falha em sua vida repercutirá infalivelmente nos trabalhos espirituais que realiza. Por conseguinte, terá de viver pura, reta e dignamente; cumprirá religiosamente com todos os seus deveres espirituais e materiais que sua condição de encarnado lhe impõe. Para falar com autoridade aos espíritos obsessores, manter em respeito os perversos e brincalhões que povoam o espaço e merecer a assistência dos espíritos elevados, é preciso que o doutrinador seja possuidor de uma alta moralidade e de uma consciência tranquila. Só a moralidade lhe dará poder sobre os espíritos maléficos e só por meio dela atrairá a si os espíritos esclarecidos que lhe secundam os esforços.

O doutrinador não se descuidará de sua instrução, porque é um instrutor e, para ensinar, deve saber. Estudará carinhosamente as obras fundamentais do Espiritismo; analisará e observará tudo, para não ser enganado pelos espíritos mistificadores; saberá inspirar confiança aos médiuns com os quais trabalha; que todos vejam nele o irmão seguro e capaz e se sintam amparados, fortificados, encorajados em sua companhia. Lutará tenazmente para que o Centro onde exerce sua ação seja um foco irradiante de amor, de simpatia, de instrução e de caridade.

A esse respeito, ainda podemos seguir as instruções que o apóstolo Paulo dá a seu discípulo Tito. Leiamos, mudada em linguagem moderna, a célebre carta apostólica de Paulo a Tito:

– Paulo, servo de Deus e apóstolo de Jesus, a Tito graça, misericórdia e paz.

Eu te deixei em Creta para que pusesses em boa ordem as coisas que ainda restam e de cidade em cidade estabelecesses diretores de Centros, conforme minhas instruções:

Aquele que for irrepreensível, casado, pai de filhos, que não possam ser acusados de dissolução riem desobedientes. Porque convém que o diretor do Centro seja de bom comportamento, como despenseiro da casa de Deus, não soberbo, nem irrascível, nem dado ao álcool, nem briguento, nem cobiçoso, nem jogador. Mas dado à hospitalidade, amigo do bem, moderado, justo, pacífico e temperante. Esforçando-se por viver de acordo com os ensinamentos do Evangelho, a fim de ter autoridade moral para ensinar os frequentadores do Centro, onde exerce seu ministério, a viverem sãos na fé, não dando ouvidos a fábulas nem a superstições que os desviam da verdade.

Tu falarás o que convém à sã doutrina. Os velhos que sejam sóbrios, graves, prudentes, cheios de fé, de caridade e de paciência. As mulheres que sejam sérias no seu viver, não faladeiras nem intrigantes, mestras do bem, prudentes, que amem seus maridos e seus filhos, moderadas, castas, boas donas de casa, para que Deus seja glorificado nelas. Exorta do mesmo modo os moços a serem moderados, trabalhadores, honestos e estudiosos da doutrina.

Em tudo te dá por exemplo de bom comportamento. Na doutrina mostra incorrupção, gravidade, sinceridade, linguagem sã e irrepreensível para que ninguém tenha o que dizer contra nós. Exorta os empregados a que se sujeitem a seus patrões e que em tudo agradem, para que em tudo sejam ornamento da doutrina de Deus, nosso Criador. Porque a graça de Deus se há manifestado, ensinando-nos que, renunciando aos vícios e ao mau comportamento, vivamos sóbria justa e piamente, aguardando a felicidade que nos foi prometida pelo Mestre no reino de nosso Pai.

Fala disto e exorta e repreende. Ninguém te despreze. Admoesta-os a que se sujeitem às leis da Terra, obedeçam aos governos e estejam preparados para toda boa obra. Que a ninguém infamem, nem sejam litigantes, mas modestos, mostrando toda mansidão para com todos os homens.

Fiel é a palavra e isto quero que afirmes; os que creem em Deus comportem-se bem, porque é proveitoso. Nunca entres em questões loucas, genealogias, contendas e em debates; porque são coisas inúteis e vãs.

Evita o homem obstinado no mal depois de uma e outra admoestação.

Saúdam-te todos os que estão comigo. Saúda tu os que nos amam na fé. A graça seja contigo. Assim seja.

Os Centros Espíritas

Um Centro Espírita é uma agremiação que tem por finalidade:

1. A difusão dos ensinamentos de Jesus, consubstanciados em seu Evangelho e explicados à luz do Espiritismo.
2. A difusão do Espiritismo, que é uma doutrina que tem por bases a imortalidade da alma e a reencarnação dos espíritos.
3. A prática da caridade espiritual através dos passes, da água fluida e da prece.
4. O desenvolvimento da fraternidade universal pela extinção dos preconceitos de raças, de cor, de religiões e das classes sociais e de outras quaisquer barreiras que separam a família humana e a tornam infeliz.
5. O desenvolvimento do senso de responsabilidade de cada indivíduo, demonstrando que, pelo livre-arbítrio, cada um é responsável plenamente pelos seus atos, cujas consequências atingirão quem os pratica, mais cedo ou mais tarde.

Um Centro Espírita é dirigido por duas diretorias: a diretoria terrena e a diretoria espiritual.

A diretoria terrena é composta de um grupo de pessoas de boa vontade, dotadas de ideias nobres que se reúnem para lutar pelo progresso espiritual da humanidade. A diretoria espiritual é composta de espíritos abnegados que lutam ao lado da diretoria terrena e lhe secundam os esforços.

Entre as duas diretorias reinará a harmonia, a fim de que os trabalhos não sejam perturbados pelas entidades malfazejas. Íntima e sincera amizade ligará os diretores terrenos e os espirituais porque são, de fato, amigos que habitam planos diversos e aos quais foi permitido congregarem-se para a realização de um ideal comum.

Para presidir ao Centro, escolhe-se sempre o irmão mais capaz, mais estudioso e que apresente as melhores garantias de que não falhará no desempenho da tarefa que lhe foi confiada.

Entre os médiuns é preciso que haja uma grande estima, nunca se julgando algum mais do que outro e lembrando-se de que do pequenino esforço de cada um resultará o engrandecimento de todos.

Enfim, um Centro Espírita é um templo de estudos, de fé, de oração e de trabalhos, onde encarnados e desencarnados, estudando as leis eternas que emanam do Senhor, assentam os alicerces de um mundo de compreensão e de amor.

As Sessões Espíritas

Uma sessão espírita é uma reunião de pessoas unidas pelo desejo de praticarem a caridade espiritual.

Os elementos principais de uma sessão espírita são os médiuns. É por meio deles que os espíritos podem realizar seus trabalhos na Terra. Assim sendo, todos os médiuns devem prestar seu concurso para o inteiro êxito da sessão.

O ambiente de uma sessão espírita será simples, modesto e harmonioso. Não haverá a mínima distinção de pessoas, sendo um só o tratamento para todos. Reinará no recinto o máximo respeito.

As sessões serão realizadas em dias determinados da semana e sempre às mesmas horas; durarão de uma hora a uma hora e meia, quando muito. É conveniente escolher cuidadosamente um local sossegado e que favoreça a concentração.

Segundo o gênero de trabalho a realizar, as sessões se dividem em: sessões de propaganda, sessões de curas espirituais, sessões de curas de obsessões e sessões de desenvolvimento de médiuns.

Corrente e Semicorrente

Quando os médiuns estão sentados à mesa e firmemente concentrados, emitem um forte fluxo de fluidos que se ligam e formam uma espécie de nuvem mais ou menos luminosa e altamente magnetizada: é a corrente magnética. Ela é fortificada pelos espíritos que velam pela sessão e constitui uma poderosa fonte de fluidos curadores.

Se, durante a sessão, um médium rogar ao Pai por uma pessoa que esteja enferma ou em aflição, os espíritos curadores podem fazer chegar até essa pessoa a força magnética capaz de curá-la ou aliviá-la. É o que se chama um passe a distância. Da mesma maneira, se os assistentes da sessão orarem com fé atrairão para si os benefícios que a corrente magnética lhes pode proporcionar. A semicorrente é formada na primeira fileira, logo atrás dos médiuns, e é composta dos médiuns que não tiveram lugar na mesa e pelos doentes que necessitam ser banhados pelos eflúvios magnéticos que se irradiam diretamente da corrente.

As Sessões de Propaganda

Como o próprio nome indica, as sessões espíritas de propaganda são aquelas que se realizam para difundir o Espiritismo. Admitem-se a essas sessões todos os que manifestarem desejo de assistir a elas.

À mesa tomam lugar apenas os médiuns capazes de prestar seu concurso aos espíritos que comparecerem para trabalhar em prol da humanidade.

Os espíritos curadores chegam para ministrar os passes e fluírem a água. Os espíritos educadores instruem os assistentes. E pronunciam magníficas preleções, cujos temas são, invariavelmente, a elevação moral de cada um, a melhoria do caráter, a aplicação dos ensinamentos do Evangelho, a correção de falhas que apresentamos em nosso modo de viver, e os fundamentos da doutrina espírita, tais como: a imortalidade da alma, a reencarnação, a lei da evolução espiritual, o porquê da vida, o fenômeno da morte etc. Durante as sessões, os espíritos escrevem mensagens por meio dos médiuns escreventes, dirigidas a seus familiares que ainda estão encarnados e que eventualmente assistam a sessão. Os outros médiuns também não ficam inativos: os videntes veem os espíritos, os audientes os ouvem, os inspirados recebem ótimas inspirações e os intuitivos sábias e úteis intuições. É nas sessões de propaganda que os oradores espíritas exercem suas atividades, pronunciando preleções repletas de benéficos ensinamentos.

Depois de todos terem ocupado seus lugares, a sessão é declarada aberta pelo presidente ou seu substituto; será lida a ata da sessão anterior. Em seguida, concederá a palavra ao orador da noite, o qual discorrerá sobre um ponto da doutrina espírita ou do Evangelho. Nas sessões de propaganda há também as leituras evangélicas. Os médiuns e os assistentes que quiserem tomar parte nelas trarão, cada um, o livro: *O Evangelho Segundo o Espiritismo*, de Allan Kardec, e lerão, cada um por sua vez, um pequenino trecho da lição previamente marcada. Depois da leitura, um deles fará o comentário da lição lida. É conveniente que seja designado para comentar o trecho evangélico em cada sessão um dos irmãos; assim haverá oportunidade para todos estudarem e falarem nas sessões de propaganda. O resultado é ótimo, porque todos os assistentes ouvirão a leitura e o comentário e facilmente aprenderão o Evangelho.

Terminada a preleção e a leitura evangélica, será feita a prece de abertura; os médiuns receberão seus protetores; por meio dos médiuns falantes se manifestam os espíritos que o desejarem. Seguem-se os passes espirituais; todos dirigem seus pedidos ao Pai, rogando-lhe que permita sejam levados lenitivos a todos os sofredores. Os que estão presentes à sessão recebem seus passes, no momento em que estão concentrados e orando; um ou dois minutos de profunda concentração é o suficiente. Encerra-se a sessão com uma prece de agradecimento a Deus.

Estas sessões devem revestir-se de um aspecto festivo e o ambiente cheio de alegria. Fraternal estima reinará entre todos.

As Sessões de Desenvolvimento de Médiuns

Estas sessões são organizadas para o estudo dos fenômenos espíritas e para o desenvolvimento da mediunidade dos futuros médiuns. Não se permitem assistentes a estas sessões. A elas só assistem os interessados que são os médiuns desenvolvidos e os em desenvolvimento.

Formam-se estas sessões do seguinte modo: a cabeceira da mesa é ocupada pelo doutrinador; à sua esquerda e à sua direita e na ponta da mesa serão colocados médiuns bem desenvolvidos. Os outros médiuns desenvolvidos e os em desenvolvimento ocuparão os lugares restantes da mesa, tendo-se o cuidado, caso for possível, de intercalar um médium desenvolvido com um em desenvolvimento. Será lida a ata da sessão anterior. Em seguida, serão explicados os fenômenos mediúnicos e trechos do Evangelho. Serão feitas perguntas aos presentes sobre pontos da doutrina espírita e do Evangelho. As explicações e as perguntas terão por principal finalidade a formação moral e intelectual dos médiuns. Em outras palavras: os médiuns deverão ser instruídos de maneira tal que se tornem conscientes de seus deveres e responsabilidades. Terminada a lição, fazem-se as preces de abertura e os médiuns já desenvolvidos receberão seus protetores. Isso feito iniciam-se os exercícios para o desenvolvimento da mediunidade.

A segunda parte da sessão, o doutrinador dedicará à doutrinação de nossos irmãos atrasados que se manifestarem por meio dos médiuns desenvolvidos. Frequentemente se manifestam irmãos violentos e revoltados e com acentuada propensão para o mal. Cumpre ao doutrinador esclarecê-los e induzi-los a melhorarem seu estado pela prática do bem e pela submissão à vontade de Deus. Às vezes, não bastam somente boas palavras: é necessário empregar energia e autoridade para reduzi-los à obediência. Durante essas sessões práticas, recomendamos a máxima concentração para que os espíritos atrasados respeitem o lugar em que se acham e mais facilmente ouçam os conselhos que os instrutores espirituais lhes ministrarem.

Os médiuns são donos de seus corpos e por isso não devem deixar que os espíritos os sacudam e os tratem violentamente; bastam resistir para que os espíritos nada façam. Cada médium receberá um único espírito. Quando todos os médiuns tiverem trabalhado, receberão novamente seus protetores e o doutrinador encerrará a sessão por meio de uma prece.

As sessões de estudo e de desenvolvimento de médiuns são utilíssimas: mostram-nos os diversos aspectos do mundo espiritual e a posição em que lá se encontra grande número de espíritos. Revelam-nos várias leis que regem os dois mundos: o espiritual e o material, e a relação que há entre os dois planos da natureza universal. Permitem-nos também que empreguemos uma parcela de nossos esforços na melhoria espiritual de nosso planeta, dando-nos a sublime oportunidade de trabalharmos para o levantamento moral de nossos irmãos leigos.

Muitos espíritos procuram mistificar durante estas reuniões; nelas é que se impõe ao doutrinador um profundo senso de análise e de observação e um alto padrão de moralidade.

As Sessões de Curas Espirituais

Um espírito moralizado é um espírito são: por isso o corpo em que habita é são também. Todo o espírito desmoralizado é um espírito enfermo. Um espírito enfermo torna enfermo o corpo em que está encarnado. O Espiritismo veio ensinar-nos essas verdades e concitar-nos a que nos moralizemos.

A doença é a medicina do espírito; quando ela se manifesta é porque houve um erro, quer nesta quer em anteriores encarnações: enquanto não se corrigir o erro que a motivou, o sofrimento não abandonará o indivíduo. Devemos curvar-nos submissos à vontade do Senhor, compenetrados de que a dor é um remédio amargoso, porém, necessário.

Entretanto, o Senhor não nos proíbe de lutarmos contra o sofrimento, de minorá-lo, de aliviá-lo ou de fazê-lo desaparecer. Nós não nos corporificamos na Terra para sofrer e sim para aprender. Se o sofrimento nos atinge é porque nós nos tínhamos afastado do caminho que conduz a Deus. Deus, que é Amor e Providência para seus filhos, não nos deixaria sofrer, se o sofrimento não redundasse em proveito de nosso desenvolvimento espiritual.

O Espiritismo instituiu as sessões de curas espirituais. Os remédios usados são os fluidos que se ministram aos doentes por meio dos passes e da água fluida.

As sessões de curas espirituais formam-se assim: a mesa é ocupada pelos médiuns bem desenvolvidos e com grande capacidade de concentração. Logo atrás deles, formando um círculo ao redor, sentam-se os enfermos. Em seguida, também em círculos, sentam-se as outras pessoas que estão bem de saúde e que vieram assistir à sessão e ajudar com suas preces. No centro da mesa, colocam-se tantos copos d'água quantos sejam os doentes a tratar. Ao lado de cada copo d'água, em um papelzinho, escrevem-

-se os nomes dos doentes; desse modo, na hora da distribuição cada doente receberá seu copo d'água certo, sem perigo de troca.

Abrindo a sessão, o presidente fará uma preleção, explicando a finalidade dela e transmitirá ensinamentos morais a todos; explicará o mecanismo das curas espirituais e que o remédio fluídico de cada doente será colocado em seu copo d'água; procurará comunicar a todos uma fé viva e ardente. Feita a prece de abertura, cada médium receberá seu protetor. Depois disso, o presidente rogará a todos, médiuns, doentes e assistentes que elevem a Deus o pensamento, concentrem-se firmemente e façam uma prece mental. Essa prece será um pedido ao Senhor para que permita aos espíritos curadores que se apossem dos fluidos magnéticos irradiados e os transformem em remédios para os males dos que sofrem. A concentração e a prece durarão dois ou três minutos; é o suficiente para que os espíritos curadores recebam as forças para tratarem dos doentes, ministrar-lhes os passes, fluírem a água. Essas sessões durarão, no máximo, meia hora.

É interessante saber-se que durante as sessões de curas, os espíritos curadores aproveitam a ocasião para curarem doentes que estão muito longe do Centro e que os componentes da sessão nem sequer sabem que existem. É a caridade pura pregada pelo Mestre: fazer o bem em segredo para que nosso Pai que nos vê em segredo nos dê a recompensa. E é tão em segredo esse benefício praticado pelos espíritos curadores que os beneficiados não têm a mínima ideia de onde lhes veio a cura.

Terminada a concentração, os médiuns recebem seus protetores, os quais, geralmente, comentam os trabalhos realizados e dão úteis conselhos aos enfermos. Encerra-se a sessão com uma prece de agradecimento ao Pai, e o presidente dará a cada enfermo o seu copo d'água, dizendo sem vacilar e cheio de confiança: — Em nome de Jesus, nosso médico e Mestre, toma esta água e fica curado.

Há doentes que se curam logo na primeira sessão; outros levam algum tempo. Tudo é questão de fé e merecimento aos olhos de Deus.

As Sessões de Curas de Obsedados

Quando uma pessoa se torna vítima de espíritos obsessores, há necessidade da intervenção de terceiros que lhe prestem o auxílio indispensável para livrar-se deles. Somente a vontade do obsedado não basta porque seus perseguidores o envolvem numa camada de fluidos impuros que lhe obscurecem a mente e lhe paralisam a ação. É preciso, portanto, socorrer-se de pessoas esclarecidas e que compreendam seu estado, para acudi-lo com o remédio eficaz.

O remédio é a doutrinação dos espíritos obsessores, fazê-los renunciar a seus maus propósitos e convertê-los em amigos.

Para curar-se a obsessão, organizam-se sessões especialmente para esse fim. São sessões delicadas e exigem de quem as dirige grande experiência e muita moralidade. Grande experiência, porque terá de enfrentar espíritos insidiosos que tudo farão para enganar; e muita moralidade, para poder falar-lhes com autoridade. Quanto ao obsedado, é conveniente tratá-lo com prudência, porque os espíritos obsessores tudo farão para desviá-lo do Centro e procurarão intensificar a nefasta influência que exercem. A essas sessões não se admitem estranhos: somente os interessados diretos assistirão a elas. Escolhem-se os médiuns mais preparados. Iniciam-se os trabalhos por uma fervorosa prece; os médiuns recebem seus protetores; em seguida, um de cada vez, dará entrada aos espíritos para serem doutrinados. Encerra-se a sessão com o recebimento dos protetores dos médiuns, os quais, geralmente, deixam conselhos sobre o que se deve fazer em benefício do obsedado.

Nem sempre algumas sessões serão suficientes. Há casos em que se necessitam muitas delas para se obterem resultados satisfatórios. Tenhamos perseverança, muita perseverança.

É recomendável que o obsedado faça uso diário de água fluida que ajudará a expulsar de seu organismo os fluidos impuros que o encharcam.

As sessões de curas de obsedados são barulhentas. Os espíritos obsessores comparecem contra a vontade e revoltados; os médiuns não os deixarão fazer barulho nem bater. Lembremo-nos de que quem manda em nosso corpo somos nós e, facilmente, dominaremos os movimentos desordenados do espírito que se manifesta.

Considerações Gerais Sobre as Sessões Espíritas

As sessões espíritas bem orientadas nos proporcionam quatro espécies de assistência: a social, a intelectual, a moral e a religiosa.

Assistência social: Tratando dos obsedados; esclarecendo os espíritos atrasados que gravitam na atmosfera de nosso planeta; e indicando aos enfermos a cura espiritual de seus males, as sessões espíritas contribuem para o bem-estar de todos os adeptos do Espiritismo e para a melhoria das condições gerais da Terra.

Assistência intelectual: Pelos inúmeros problemas que apresentam, as sessões espíritas aguçam nossa curiosidade e nos obrigam ao estudo das grandes leis de relação entre o nosso plano e o dos espíritos, promovendo assim o desenvolvimento de nossa inteligência e aumentando nosso saber.

Assistência moral: As explicações da Moral Cristã e sua aplicação em nossa vida diária melhoram nosso comportamento e nos tornam cidadãos conscientes de nossos deveres e libertos de vícios.

Assistência religiosa: Pelo lado religioso, as sessões espíritas nos ensinam o meio mais rápido e fácil de nos aproximarmos do Pai e a ele nos ligam pelos sentimentos que despertam em nosso íntimo. Substituem os dogmas, as pompas, as práticas exteriores, os que vivem do altar, as imagens e os paramentos pelo culto em espírito e em verdade que devemos a Deus, nosso Pai.

Mais tarde, em um futuro talvez mais próximo do que pensamos, as sessões espíritas serão magníficas assembleias, onde encarnados e desencarnados se reunirão para trocarem ideias e traçarem grandiosos planos de progresso.

O Bom Trabalhador

A todos nós, se tivermos realmente a vontade de ser úteis, a Terra oferece um imenso campo de trabalhos, de realizações e de progresso. Todos temos possibilidades de realizar alguma coisa: a cada um foi confiada uma tarefa. Sejamos bons trabalhadores.

A mediunidade é rica de méritos para o futuro, com a condição de ser bem empregada. Se nós nos servimos dela consoante a vontade do Senhor, fácil será aos espíritos fazerem com que a humanidade se esclareça, em menor espaço de tempo. Lembremo-nos sempre de que em qualquer parte que a bondade de Deus nos colocar, por mais humilde que seja o ambiente onde exercemos nossa ação, reais serviços poderemos prestar.

Nunca forcemos ninguém a aceitar nossas ideias; ensinemos primeiro aos que se achegarem a nós desejosos de aprender.

Revelemos a todos as sublimes verdades do Espiritismo: a Imortalidade da alma, a Reencarnação, a Fraternidade, a paternidade comum que temos em Deus, nosso Pai.

Seja o nosso modo de viver uma luz a iluminar os nossos irmãos menos evoluidos. Seja a nossa vida um exemplo prático e palpável do Evangelho de Jesus.

Procuremos esforçadamente socorrer os que implorarem a misericórdia do Senhor. Nunca deixemos de dar de graça o que de graça recebemos.

Desempenhemos devotadamente nossos deveres humanos: sejamos bons patrões, bons chefes, bons empregados, bons amigos, bons irmãos, bons filhos, bons esposos e bons pais. Seja a nossa família um modelo de virtudes. Sejam nossas relações sociais impregnadas da mais alta moralidade.

Cuidemos de nossa mediunidade com amor e carinho. Ela nos dará a felicidade futura.

Evangelizemo-nos a nós próprios. Nós também somos espíritos em doutrinação aqui na Terra.

Não ambicionemos excessivamente as coisas da Terra e não as desprezemos levianamente. Saibamos dar a cada coisa o seu justo valor. Confiemos no Senhor. Ele nos dará o necessário. Digno é o trabalhador de seu salário.

A mediunidade não nos dará as honras da Terra e exigirá de nós a máxima abnegação, o máximo devotamento. Sejamos firmes no cumprimento de nossos deveres na seara do Mestre. A nossa recompensa não está neste mundo.

Não há sopro que apague uma luz que o Senhor acendeu no mundo. Por isso, não tenhamos medo dos incrédulos, nem dos que estão contra nós: não percamos tempo com eles; um dia, a morte os colherá e, então, verão com os próprios olhos aquilo que negavam.

Confessemos firmes e abertamente nossa crença; não a reneguemos; sejamos fiéis até o fim.

O Mestre declarou que não veio trazer paz à Terra, porque a maioria das criaturas não o compreenderia. Assim é o Espiritismo: chamando a atenção da humanidade para os ensinamentos de Jesus, combatendo os preconceitos de cor, de religiões e de classes sociais; desmascarando a hipocrisia e verberando os vícios; chamando cada um ao cumprimento de seus deveres e à responsabilidade de seus mínimos atos, é natural e lógico que tenha granjeado inúmeros inimigos e detratores. O Espiritismo trará a paz e a união ao mundo, mas, por enquanto, será motivo de escândalo.

Lembremo-nos de que por pequenina que seja nossa mediunidade, se com ela conseguirmos enxugar uma única lágrima, não perderemos nossa recompensa e seremos contados no número dos bons trabalhadores.

PARTE II

Os Espíritos

Quem são os espíritos?

Quando ouvimos falar de espíritos, vêm-nos à mente imagens vagas, quase que irreais; e concebemo-los sob as mais díspares formas. Precisamos modificar nossa concepção a respeito deles. E o primeiro passo que devemos dar para isso é convencer-nos de que também somos espíritos; não há diferença entre nós e eles.

Os espíritos se dividem em duas grandes categorias, que são: a dos espíritos encarnados e a dos desencarnados.

Pertencem à categoria dos espíritos encarnados os que usam um corpo de carne, por exemplo, nós mesmos. E à categoria dos espíritos desencarnados aqueles que já não usam o veículo físico, por exemplo, quem passou pelo fenômeno da morte.

Não se justifica, por conseguinte, essa ideia sobrenatural que fazemos dos espíritos. Pois, não somos espíritos nós também, ainda que encarnados? E dia mais, dia menos, seremos transferidos para o número dos desencarnados.

O nome de espíritos, porém, é dado particularmente aos desencarnados. Quando encarnado, damos ao espírito o nome de alma.

O Fenômeno Chamado Morte

A morte não existe no significado de aniquilamento, destruição total, transformação para o nada, separação eterna.

Nosso espírito é indestrutível e por isso é imortal.

Todavia não poderemos permanecer sempre encarnados. Um dia chegará em que teremos de mudar de categoria. A essa mudança é que se dá o nome de morte.

A morte é o fenômeno pelo qual o espírito se desliga completamente do corpo. Ela sobrevém por doenças ou por acidentes que facilitem o desligamento.

Não devemos, portanto, temer a morte. Ela é a porta pela qual ingressaremos no mundo espiritual. E depende unicamente de nós o que lá vamos encontrar: se praticarmos o bem, coisas belas; se praticarmos o mal, o resultado do mal que tivermos cometido.

Se não devemos temer a morte, nos é proibido procurá-la ou desejá-la, por mais aflitiva que seja nossa situação aqui na Terra. O corpo humano é uma dádiva sublime de Deus, e só por vontade dele é que poderemos deixá-lo.

No momento de nosso desencarne é que mais necessitaremos do auxílio divino, especialmente se tivermos vivido distanciados do Altíssimo.

A causa que nos distancia de Deus é não cumprirmos nem respeitarmos os seus mandamentos, todos eles admiravelmente consubstanciados por Jesus no mandamento maior que é: Amarás a Deus sobre todas as coisas e ao teu próximo como a ti mesmo.

E quando é que nós nos afastamos do Altíssimo e não observamos o grande mandamento?

Quando cultivamos pensamentos impuros, maldosos, egoístas, desonestos. Quando passamos a vida cuidando somente da parte material dela, deixando esquecidas as necessidades da alma; quando desprezamos a lei da fraternidade.

A fraternidade é uma lei cuja observância sempre traz felicidade. Jesus nos ensinou a sermos fraternos assim: "Amai-vos uns aos outros como eu vos amei. Vós sois filhos de um único pai que é Deus; e vós todos sois irmãos".

Uma das principais pedras de tropeço com que se defronta o homem em sua vida é o orgulho que o isola de Deus.

Realmente o orgulhoso não admite que acima de sua pequenez paire uma Vontade Soberana, à qual deva tudo o que é; e como consequência, o orgulho impossibilita sua regeneração da qual tem necessidade.

Se trabalharmos por livrar-nos destas causas que impedem nossa aproximação de Deus e pautamos nossos atos pela lei da fraternidade, estaremos incontestavelmente a caminho de gloriosas conquistas espirituais.

No mundo espiritual, ocuparemos o lugar que nos será devido pelo progresso que já tivermos realizado.

Uma vez que estamos de passagem pela Terra, é ponto importante para nossa felicidade, quer futura quer presente, a depuração de nossos sentimentos. Depurando-os conquistaremos uma posição dignificante não só como encarnados, como também quando estivermos desencarnados.

Nós estamos sempre apegados a alguma coisa e, principalmente, às nossas preferências. É aconselhável que nós nos apeguemos à virtude, aos bons pensamentos, às boas palavras, às boas ações, para que gozemos da paz e evitemos desilusões e sofrimentos futuros, porque a morte nos colocará irremediavelmente diante de nossa própria consciência.

O Fenômeno Chamado Nascimento

Se não podemos permanecer indefinidamente encarnados, também não o poderemos como desencarnados.

Para prosseguirmos em nosso glorioso destino, temos necessidade premente de progresso. E para progredirmos, precisamos renascer. E assim nossa vida de encarnados alterna-se com a de desencarnados; vivemos ora no plano material, ora no espiritual.

Depois de uma temporada mais ou menos longa que vivermos como espíritos desencarnados, teremos de nos encarnar de novo. Aqui chegando, passaremos por provas, quais colegiais. O que tivermos aprendido como desencarnados, poremos em prática como encarnados. Se o conseguirmos, conquistaremos mais um grau de progresso e ficaremos libertados de um pouco mais de nossas imperfeições. Isso depende de nossa força de vontade e de nossa persistência, porque não é fácil abandonarmos hábitos errôneos e adquirirmos hábitos salutares, isto é, cultivarmos a virtude.

Portanto, é imprescindível que os pais eduquem os seus filhos, fazendo com que adquiram, desde pequeninos, hábitos salutares e virtuosos. Diz o ditado: "Mostra a teu filho o bom caminho que o seguirá também velhinho". Nada mais certo. Durante a infância, o espírito é maleável e recebe muito mais facilmente os ensinos que se lhe ministram e também é muito mais sensível aos exemplos que recebe.

Essa maleabilidade do espírito e essa sensibilidade que o tornam mais apto a receber novos, prendem-se ao fato de que "até os sete anos, o espírito ainda se encontra em fase de adaptação para a nova existência que lhe com ensinamentos pete no mundo. Nessa idade, ainda não existe uma integração perfeita entre ele e a matéria orgânica. Suas recordações do plano espiritual são, por isso, mais vivas, tornando-se mais susceptível de renovar o caráter e estabelecer novo caminho, na consolidação dos princípios de responsabilidade, se encontrar nos pais legítimos representantes do colégio familiar". (Emmanuel – O Consolador, 1ª edição da FEB.)

O nascimento é, por conseguinte, nossa nova volta a um corpo de carne.

A Origem dos Espíritos

Tanto quanto a origem do homem na face da Terra, a origem dos espíritos é também um problema apaixonante.

De onde proveio o homem?

De onde proveio o espírito?

Eis as questões que ainda permanecem envoltas em mistério, não obstante os estudiosos apresentarem hipóteses mais ou menos plausíveis.

Entretanto, ignorarmos de onde se origina o espírito, de como ele se forma, não nos deve preocupar; isto não impede o progresso espiritual da humanidade. Tudo vem a seu tempo e um dia chegaremos a decifrar o que agora é um enigma para nós.

As Moradas dos Espíritos Encarnados

Os espíritos encarnados habitam em mundos materiais, isto é, de matéria densa, compacta. Nós, por exemplo, somos habitantes da Terra que é um mundo material. E rolando no espaço infinito, há outros mundos materiais habitados como o nosso.

O mundo que um encarnado habita guarda íntima relação com o progresso moral que o encarnado já realizou. Assim, à medida que crescermos em moralidade, iremos conquistando gradativamente o direito de movimentarmo-nos em mundos de graus superiores ao nosso.

Suponhamos uma escola: para o aluno passar para uma classe mais adiantada é preciso que ele aprenda todas as matérias da classe em que está e demonstre aproveitamento.

A Terra atualmente é nossa escola; é através dos trabalhos que aqui executamos e das provas pelas quais passamos que adquirimos o direito de ingresso a mundos superiores ao nosso.

Todavia, numa escola os alunos não aprendem somente as lições; aprendem também a serem disciplinados e obedientes. E quando o aluno é recalcitrante, repete o ano tantas vezes quantas forem necessárias para se corrigir. Tal sucede conosco encarnados: alunos da escola terrena que somos, a ela voltaremos tantas vezes quantas forem necessárias para que deixemos de ser rebeldes e nos tornemos humildes e obedientes às leis divinas.

Como encarnados viveremos sempre no planeta que maiores probabilidades de progresso nos oferecer, segundo nossa capacidade de compreensão.

O progresso moral, nós o obteremos mediante nossa reforma íntima; esta é, no momento, a mais urgente e a mais difícil tarefa que nos cabe executar. Reformando-nos intimamente, trabalhando com honestidade para a felicidade de nossos familiares, cumprindo nossos deveres o melhor possível, nós, quer como encarnados, quer como desencarnados, faremos jus à paz de que tanto necessitamos.

As Moradas dos Espíritos Desencarnados

Os espíritos desencarnados habitam colônias espirituais, as quais não são percebidas pelos nossos sentidos, dado a limitação que a matéria nos impõe. Essas colônias se acham ligadas aos mundos materiais a que pertencem os espíritos que as habitam. A Terra, por exemplo, é circundada de um imenso número dessas colônias que se assemelham a grandes cidades, cheias de vida e de animação. Quando desencarnarmos, iremos viver numa dessas colônias.

As colônias espirituais que circundam a Terra se dividem em três classes: as zonas purgatórias, as colônias correcionais e as colônias de elevação.

As zonas purgatórias, também chamadas umbral, são extensas regiões de trevas e de sofrimentos, onde o espírito que não soube fazer bom uso de sua encarnação encontra-se ao desencarnar. Ali, entre prantos e ranger de dentes, o espírito purga os erros que cometeu na Terra, até o dia em que manifeste desejos sinceros de corrigi-los.

As colônias correcionais são verdadeiras cidades de vida organizada, nas quais o espírito se prepara para reencarnar-se. Nelas, o espírito rememora as encarnações passadas e traça os planos do futuro. E enquanto aguarda o dia de reencarnar-se, estuda e entrega-se a um trabalho edificante.

As colônias de elevação são moradas de espíritos que já atingiram o máximo de perfeição moral que a Terra lhes podia oferecer. Nelas, os espíritos fazem um estágio preparatório antes de se transferirem para um mundo superior ou para voltarem à Terra em missões de grande alcance social, visando ao bem da humanidade.

Independentemente dessas colônias espirituais, existem os mundos espirituais, os quais são habitados por espíritos que não mais necessitam das reencarnações, em virtude do grande progresso que já realizaram.

A Personalidade do Espírito

O espírito desencarnado conserva a mesma personalidade que teve na Terra quando encarnado. Assim, quando desencarnarmos, não seremos nem mais nem menos do que hoje somos; acompanham-nos para o lado de lá nossas boas e nossas más qualidades. Contudo, como no mundo espiritual veremos as coisas tais quais elas são, sem o véu do orgulho a obscurecer-nos a razão, redobramos de esforços para vencer nossas más qualidades; porque compreenderemos que estas serão sempre um entrave à nossa real felicidade.

Modifiquemos, pois, daqui por diante, nossa concepção a respeito dos espíritos. Eles não são fantasmas cuja única ocupação é assombrar-nos; também não são todo-poderosos para atenderem aos nossos caprichos; não sabem tudo para responderem a todas as nossas perguntas; e não vivem, sofredores, em infernos eternos; nem, ociosos, em paraísos inúteis.

O Progresso

Através de nossas vidas sucessivas, ora num plano, ora noutro, qual o alvo a que devamos atingir?

Nosso alvo é a perfeição; atingi-la-emos pelas nossas lutas, dores, sacrifícios, trabalhos e estudos.

A perfeição consiste em conseguirmos a virtude e a sabedoria. A virtude disciplina nosso coração; e a sabedoria, o nosso cérebro.

O Universo é a nossa universidade; e a Terra, presentemente, a nossa oficina. A universidade nos ensinará a sabedoria e a virtude; a oficina nos facultará as oportunidades de aplicarmos as lições.

Tal é o progresso.

Transferência de Morada

O Universo é dividido em número infinito de mundos; e cada um deles nos oferece determinados tipos de ensinamentos.

Quando tivermos progredido suficientemente num mundo, a ponto de não ter ele mais nada para nos ensinar, quer em virtudes, quer em sabedoria, ser-nos-á permitido o ingresso no mundo imediato superior, onde, como em nova classe de aulas, continuaremos nossos estudos e trabalhos.

Se um espírito demonstrar-se refratário às possibilidades de progresso que o seu mundo lhe oferece, é rebaixado a um outro condizente com seu estado. Não é um retrocesso: é simplesmente a volta a um plano equivalente à sua condição, depois de lhe terem sido concedidas oportunidades de elevação que não soube aproveitar.

E com relação às colônias espirituais que gravitam ao redor da Terra, o processo é o mesmo: cada vez que desencarnarmos, iremos para a que esteja de conformidade com o progresso que tivermos realizado em nossa última encarnação.

O Progresso do Espírito Encarnado

Como progrediremos nós, espíritos encarnados?

É pelo trabalho que progredimos.

Podemos dividir o nosso trabalho aqui na Terra em cinco espécies:

1ª – O trabalho para ganharmos honestamente o pão de cada dia.

2ª – O trabalho para adquirirmos conhecimentos morais.

3ª – O trabalho para conquistarmos conhecimentos intelectuais.

4ª – O trabalho para acumularmos conhecimentos espirituais.

5ª – O trabalho para bem aplicarmos os nossos conhecimentos.

Estudemos separadamente cada uma dessas espécies de trabalho.

O Pão de Cada Dia

O espírito se aprimora pelo trabalho. É imprescindível que o homem se mantenha por si próprio, sem tornar-se um parasita ou uma carga no ombro dos demais.

A ninguém será possível a lapidação de seu caráter a não ser através do trabalho. O caminho do progresso é, pois, aberto pelo trabalho honesto, consciencioso, sadio, e cumprido como um dever sacrossanto.

O Espiritismo não quer homens ociosos; não quer contemplativos; não quer parasitas, nem fanáticos.

O Espiritismo quer homens trabalhadores, homens de ação, homens que vivam nobremente do produto de seus esforços.

Conhecimentos Morais

O Espiritismo luta para que a humanidade se moralize; e procurando moralizá-la, espera e dirige a reforma íntima do indivíduo, isto é, de cada um de nós, componentes da humanidade. Por conseguinte, o Espiritismo parte do princípio de que se o indivíduo se moralizar, a família estará moralizada; se a família estiver moralizada, a cidade também estará moralizada; e assim sucessivamente passaremos da cidade para o estado, do estado para a nação, e da nação para a moralização da humanidade. Porque é fora de dúvida que, se as partes forem sãs, o todo indiscutivelmente será são.

Quer, pois, o Espiritismo que seus adeptos desenvolvam suas boas qualidades morais: o dever, o direito, o senso da responsabilidade, a boa vontade, a justiça, a caridade, a simpatia, o altruísmo, a dignidade, a compreensão etc. E isto não só para o progresso do espírito, como também para a felicidade da Terra.

Conhecimentos Intelectuais

Os conhecimentos intelectuais alargam a nossa visão. A pessoa estudiosa compreende melhor as coisas; não é supersticiosa, não é fanática, não é intransigente, nem intolerante.

Contudo, os conhecimentos intelectuais não se adquirem sem esforços; é necessário estudar, ler, instruir-se.

Os livros são mananciais inexauríveis de conhecimentos intelectuais; constituem companheiros inseparáveis da alma sequiosa de saber para elevar-se.

O Espiritismo não pode prescindir de tão útil instrumento de progresso que é o bom livro; por isso não cessa de repetir a seus adeptos: estudem, leiam, observem, meditem.

Conhecimentos Espirituais

Se vivêssemos eternamente em nosso corpo de carne, se não tivéssemos que deixá-lo, defrontando-nos um dia com o fenômeno da morte, poderíamos perfeitamente passar sem os conhecimentos espirituais.

Porém não vivemos para sempre no veículo físico que hoje ocupamos; mais cedo ou mais tarde, ser-nos-á forçoso abandoná-lo; porque não somos somente matéria; acima de tudo somos espíritos. É por isso que os conhecimentos espirituais nos são indispensáveis. A morte virá inevitavelmente e quem não cuidar de se preparar para ela com alguns conhecimentos espirituais, sentir-lhe-á todo o amargor.

O Espiritismo nos fornece os conhecimentos espirituais suficientes para encararmos a morte com serenidade.

E quando a humanidade estiver educada espiritualmente, o espectro da morte não amedrontará mais ninguém.

Bem Aplicar os Conhecimentos

Depois de termos adquirido os conhecimentos atrás enumerados, resta-nos viver de conformidade com eles; caso contrário, estacionaremos. E se estacionarmos, não tiraremos muito proveito de nossa encarnação.

Cada uma de nossas encarnações tem os seus trabalhos próprios; protelando-os, ou executando-os mal, irão sobrecarregar a próxima. E quanto mais sobrecarregada estiver uma de nossas reencarnações, mais trabalhosa e mais portadora de sofrimentos ela nos será. Portanto, o escrupuloso cumprimento de todos os nossos deveres é uma garantia sólida de um futuro feliz.

É de bom tom que os pais cuidem de ensinar a seus filhos, desde pequeninos, a aproveitarem bem a reencarnação. Para isso, desde cedo lhes ensinarão o caminho do trabalho honesto; em seguida lhes facilitarão, por todos os meios, a aquisição dos conhecimentos morais, espirituais e intelectuais.

O Progresso do Espírito Desencarnado

Não nos iludamos com nossa situação depois da morte. Não iremos encontrar um paraíso de ociosidade, nem um inferno de penas eternas. Encontraremos um mundo espiritual, onde continuaremos nossa vida de aprendizado, de trabalho e de progresso.

Tão logo desencarnarmos, seremos levados por nossos amigos e familiares para a colônia espiritual que nos for adequada. Lá, sob a orientação de mentores sábios, organizaremos nossa nova vida. E repartindo nosso tempo entre o estudo e o trabalho, prepararemos nossa futura reencarnação.

O Estacionamento do Espírito Encarnado e Desencarnado

Um dos grandes perigos a que estamos expostos é o de estacionar, isto é, pararmos, atrasarmo-nos na marcha do progresso.

Todo o estacionamento é de consequências penosas pelo esforço que nos obrigará a despender na reconquista do tempo perdido.

Estacionamos quando não cumprimos os nossos deveres; quando não cultivamos nossa inteligência; quando nós nos entregamos à ociosidade, aos vícios, à maldade; quando somos indiferentes ao sofrimento alheio.

É necessário, pois, que imponhamos a nós próprios severa vigilância para evitarmos o estacionamento o qual nos trará como consequência o pouco aproveitamento da reencarnação que nos foi concedida.

Assim como podemos estacionar, também o podem os espíritos desencarnados. Isso acontece quando o espírito, em lugar de aceitar sua situação de desencarnado, persiste em manter-se apegado à vida da qual a morte o afastou.

Muitos espíritos não querem abandonar a morada terrena e nela permanecem como se estivessem ainda encarnados; outros se revoltam; alguns se entregam a vinganças mesquinhas, ou à prática do mal, atormentando os encarnados, ou secundando-os em seus atos malignos; outros, enfim, entregam-se à preguiça e à inércia. Esses espíritos infelizes têm em sua frente um futuro tormentoso; o dia de se reencarnarem chegará infalivelmente; e como não cuidaram de se prepararem no mundo espiritual, terão na Terra uma vida de dissabores e de sofrimentos.

Não julguemos, porém, que lhes falte amparo. Os irmãos superiores estão a adverti-los constantemente, convidando-os a abandonarem aquela vida inútil e sugerindo-lhes oportunidades de se elevarem; é questão só de obediência e um pouco de humildade.

Para que o espírito não estacione no mundo espiritual, há de se conformar com sua nova modalidade de vida, procurando tirar dela o máximo de proveito pelo trabalho assíduo e fecundo.

Cuidados Especiais para não Estacionar

Tanto em nossa atual condição de encarnados, como em nossa futura de desencarnados, havemos de tomar precauções para não estacionar.

O cultivo do coração, isto é, dos bons sentimentos é fundamental.

Diz o venerável instrutor Emmanuel que no coração situa-se o centro da vida; dele partem as correntes imperceptíveis do desejo. E o desejo através do pensamento se transforma em palavras e em atos. Por isso, se nosso coração estiver educado pelos bons sentimentos, nossos pensamentos, palavras e atos serão puros, compelindo-nos ao progresso.

Continua ainda Emmanuel ensinando que a religião é a força que alarga os potenciais do nosso sentimento e, por isso, a educadora por excelência de nossos corações. É no seio da fé santificante que encontraremos as regras de conduta e perfeição que necessitamos para que nossa vida na Terra não seja uma peregrinação inútil. É natural, pois, que contemos com a força religiosa, a qual edifica invisivelmente nosso caráter e nosso sentimento. (Emmanuel, O *Roteiro*, pág. 43 e seg., 1ª edição.)

Concluímos então que um de nossos cuidados para não estacionarmos é observar os preceitos de nossa religião, pondo-os em prática, visando a nossa reforma íntima e o consequente aperfeiçoamento de nosso espírito.

O Sono

Entre nós e os espíritos desencarnados há perfeito intercâmbio de ideias, de ensinamentos e de auxílio. Esse intercâmbio se processa comumente através do sono.

Durante as horas de sono, podemos passar para o mundo espiritual e estarmos juntos com os espíritos desencarnados.

Duas são as finalidades do sono: proporcionar ao corpo oportunidade de recuperar energias e libertar parcialmente nosso espírito, facultando-lhe novas experiências. Enquanto dormimos, nosso espírito pode afastar-se de nosso corpo, ficando preso a ele apenas por um laço fluídico.

Posição do Espírito Encarnado Durante o Sono

Uma vez que o sono nos liberta parcialmente da matéria, abrindo-nos as portas do mundo espiritual, é importante que aproveitemos bem estas horas de liberdade.

Vejamos em quais posições pode colocar-se o espírito, nas horas em que seu corpo dorme.

Há espíritos que, parcialmente libertos do corpo pelo sono, conservam toda a lucidez; compreendem que estão no mundo espiritual e dedicam estas horas a estudos e a trabalhos espirituais; assim ganham tempo, porque quando desencarnarem encontrarão prontos esses trabalhos.

Outros espíritos continuam durante o sono a tratar de seus negócios e a preocupar-se com seus problemas materiais, exatamente como quando acordados. Esses espíritos em nada se beneficiam dos momentos de liberdade espiritual que o sono lhes concede.

Alguns espíritos ficam perturbados, sonolentos e não se afastam do pé do leito onde repousam seus corpos.

Enfim, há espíritos que dão oportunidades, a seus instintos baixos e procuram os lugares do vício e mesmo do crime.

O sono favorece o encontro dos espíritos encarnados com os desencarnados. Assim o encarnado pode encontrar-se com seus entes queridos já desencarnados, de cujo encontro lhe advém grande consolo.

Os doentes que sofrem sem esperanças de cura para seus corpos, e muitas vezes segregados do convívio de seus familiares, nas horas de sono haurem forças para suportar seus padecimentos com paciência e resignação.

Os encarcerados, enquanto seus corpos dormem, podem perfeitamente procurar a companhia de espíritos mais elevados, os quais lhes ensinarão os meios de se regenerarem e corrigirem seus erros; desse modo ganharão tempo, pois que, verificarão mais tarde terem executado grande parte do trabalho regenerativo.

A nós, espíritos encarnados desejosos do progresso espiritual, o sono concede excelentes oportunidades. Instrutores espirituais mantêm escolas onde congregam, todas as noites, um número considerável de espíritos encarnados semilibertos pelo sono, e lhes ministram lições, ensinamentos e conselhos.

Preparar-se para Bem Dormir

É útil que nós nos preparemos para bem dormir. Um bom sono concede maior liberdade ao nosso espírito, permitindo-nos aproveitar melhor nossa estada no mundo espiritual.

Para termos um bom sono, isto é, um sono que ajude o nosso espírito a desprender-se com facilidade do corpo, é preciso que prestemos atenção no seguinte: o mal e os vícios seguram o espírito preso à Terra. E quem se entregar ao mal e aos vícios durante o dia, embora seu corpo durma à noite, seu espírito não terá forças para subir; e ficará perambulando por aqui, correndo o risco de ser arrastado por outros espíritos viciosos e perversos.

A excessiva preocupação com os negócios materiais também dificulta o espírito a desprender-se da Terra; e mesmo enquanto o corpo dorme, continua o espírito a pensar exclusivamente em seus problemas materiais, alheio ao proveito espiritual que poderia conseguir naquelas horas de liberdade.

O bem e a virtude nos levarão, através do sono, às colônias espirituais onde fruiremos a companhia de mentores elevados; receberemos bom ânimo para a luta diária; ouviremos lições enobrecedoras; e poderemos dedicar-nos a ótimos trabalhos.

Compreendemos agora que é de grande valia a maneira pela qual passaremos o dia; cultivemos bons pensamentos, falemos boas palavras e pratiquemos bons atos; cumpramos rigorosamente nossos deveres; não alimentemos ambições excessivas, nem desejos de realização difícil; evitemos a ira, o rancor, o ódio, a maledicência; conservemo-nos tranquilos, cheios de confiança na Providência Divina. E assim preparados, contentes, iremos à noite ao mundo espiritual. E de manhã, ao retornarmos nosso veículo físico, elevemos ao Senhor nossa prece agradecida pela noite que nos concedeu de repouso ao nosso corpo e de liberdade ao nosso espírito.

O Sonho

Praticamente vivemos duas vidas: uma quando nosso corpo repousa e outra quando ele está em atividade.

O espírito, semiliberto pelo sono, recebe impressões: vê, ouve, fala, age, move-se, usando de facilidades, tais como: maior visão, maior percepção mental, maior compreensão; por vezes, maior lembrança do passado, maior mobilidade; possibilidade de encontros com espíritos que conheceu em encarnações anteriores; assiste a cenas que se desenrolam em esferas espirituais próximas à Terra; vai a lugares aos quais só pode ter acesso como espírito; e executa tarefas de seu interesse.

Contudo, ao regressarmos ao nosso corpo físico, esquecemos os nossos atos espirituais, ficando a nossa memória adormecida com relação à nossa vida de semiliberdade. Isto se deve a que nosso corpo funciona como um redutor da capacidade perceptiva do espírito, particularmente o cérebro, em virtude de suas lentas e pequenas vibrações.

Para termos uma ideia aproximada da capacidade perceptiva do espírito, figuremos uma escala de percepções espirituais, graduada de zero a cem.

Quando acordados, isto é, inteiramente ligados ao corpo, nossa capacidade de percepção espiritual se reduz a zero; raros encarnados conseguem perceber alguma coisa do mundo espiritual que os cerca.

Quando semilibertos do corpo pelo sono, nossas percepções espirituais se ampliam, variando na escala de um a noventa e nove, dependendo de nosso maior ou menor adiantamento espiritual.

E finalmente quando desencarnarmos e passarmos a viver definitivamente como espíritos, nossa percepção espiritual será completa.

De nossas atividades no mundo espiritual enquanto nosso corpo repousa, geram-se os sonhos, das quais são uma lembrança perfeita.

Nem sempre sonhamos, isto é, nem sempre guardamos a lembrança do que se passou conosco durante o sono. Isto porque ao reentrar no corpo, ficamos com nossa capacidade de percepção espiritual reduzida a zero e, por conseguinte, não podemos lembrar-nos do que houve conosco, quando estávamos fora do corpo.

Os sonhos, cuja lembrança nítida guardamos, são raros; comumente nos ficam fragmentos deles e muitas vezes visões que não conseguimos compreender.

Para melhor compreensão dos sonhos e de seus fragmentos, agrupemos nosso comportamento como espíritos enquanto nosso corpo dorme em oito categorias:

1ª – Conselhos que recebemos de nossos amigos espirituais.
2ª – Trabalhos enobrecedores que executamos no mundo espiritual.
3ª – Estudos, viagens.
4ª – Reuniões com amigos espirituais.
5ª – Encontro com inimigos espirituais, se os tivermos.
6ª – Continuação do trabalho material.
7ª – Satisfação de baixas paixões e de vícios.
8ª – Estado de entorpecimento.

Conselhos que recebemos de nossos amigos espirituais

Semilibertos do corpo, recebemos com facilidade as impressões espirituais. Dessa oportunidade se valem nossos amigos do espaço para dar-nos conselhos e sugestões úteis ao desenvolvimento de nossa encarnação. Procuram afastar-nos do mal, fortalecem-nos moralmente e apontam-nos a maneira certa de respeitarmos as leis divinas. Ao despertarmos, embora não nos lembremos deles, ficam, contudo, no fundo de nossa consciência, em forma de intuições, como que ideias inatas.

Trabalhos enobrecedores que executamos no mundo espiritual

Podemos dedicar os momentos de semiliberdade à execução de tarefas espirituais, sob a direção de elevados mentores. A vantagem para os encarnados que assim aproveitam as horas de sono é grande: ganham forças para os embates da vida, além de, ao desencarnarem, encontrarem muita coisa pronta, o que lhes permitirá um progresso mais rápido.

Acontece muitas vezes acordarmos com uma deliciosa sensação de bem-estar, de contentamento e de alegria. Isto acontece por termos sabido usar bem de nossa estada no mundo espiritual, executando trabalhos de real valor; daí é que provém essa satisfação íntima.

Contudo, não raras vezes despertamos tristes e com uma espécie de ressentimento no fundo de nosso coração. O motivo dessa tristeza sem causa aparente é que nos são mostradas as provas e as expiações que nos caberão na vida, as quais teremos de suportar. E conquanto sejamos confortados por nossos benfeitores, não deixamos de nos entristecer e ficarmos um tanto apreensivos.

Estudos e viagens

Há espíritos encarnados que, ao penetrarem no mundo espiritual através do sono, entregam-se aos estudos de sua predileção; e por isso têm sempre ideias novas no campo de suas atividades terrenas. Outros valem-se da facilidade de locomoção para realizarem viagens de observação, não só na Terra, como também às esferas espirituais que lhe são vizinhas.

Reuniões com amigos espirituais

Assim como visitamos nossos amigos encarnados, também podemos ir visitar nossos amigos desencarnados e com eles passarmos momentos agradáveis, enquanto nosso corpo físico repousa; disso nos resulta grande conforto.

Encontro com inimigos

É comum o sono favorecer o encontro de inimigos para explicações recíprocas. Esses inimigos podem ser da encarnação atual ou de encarnações antigas.

Os mentores espirituais procuram aproximar os inimigos, a fim de induzi-los ao perdão mútuo. Extinguem-se assim muitos ódios e grande número de inimigos se tornam amigos, o que lhes evitará sofrimentos. É a maior e melhor percepção de que goza o espírito semiliberto pelo sono, facilita a extinção de ódios e a correção de situações desagradáveis e por vezes dolorosas.

Continuação de trabalhos materiais

Considerável porcentagem de encarnados, ao entregarem seu corpo físico ao repouso, continuam, sono adentro, com suas preocupações materiais. Não aproveitam a oportunidade para se dedicarem um pouco à vida eterna do espírito. E estudam os negócios que pretendem realizar, completamente alheios aos verdadeiros interesses de seus espíritos; e nada veem e nada percebem do mundo espiritual no qual ingressam por algumas horas.

Satisfação de paixões baixas e de vícios

Há encarnados que ao se verem semilibertos do corpo de carne pelo sono, procuram os lugares de vícios, com o fito de darem expansão a suas paixões inferiores, na ânsia de satisfazerem seus vícios e seu sensualismo. Outros se entregam mesmo ao crime, perturbando e influenciando perniciosamente suas vítimas, tornando-se instrumentos da perversidade.

Estado de entorpecimento

São comuns os encarnados cujos espíritos não se afastam do lado do corpo, enquanto este repousa; ficam entorpecidos junto ao leito, como que adormecidos também.

Das ocupações a que nós nos entregarmos durante a semiliberdade que o sono nos concede, depende nosso estado quando acordados. Nós ficamos impregnados com os fluidos que encontramos nos lugares onde estivemos como espíritos, durante o sono; se frequentamos lugares puros, ou se nos tivermos dedicado a trabalhos nobres, voltaremos impregnados de bons fluidos que nos darão ânimo, saúde, coragem e alegria de viver; porém, se como espíritos semilibertos frequentarmos antros de vícios ou se gastarmos o tempo na satisfação de nossos desejos inferiores, voltaremos como nosso perispírito carregado de fluidos impuros que muito influirão sobre nossa saúde corporal.

Estamos agora com base para compreendermos a questão dos sonhos: o sonho é uma parte mínima de nossas ocupações como espíritos semilibertos pelo sono, e da qual nós nos recordamos ao despertar.

Se nós nos lembrássemos inteiramente de como empregamos nossas horas de semiliberdade, verificaríamos que todas as noites sonhamos, isto é, vimos ou fizemos qualquer coisa. A rigor, portanto, sonhamos em todas as horas de nosso sono, uma vez que nosso espírito não permanece inativo. Contudo, damos o nome de sonho apenas à parte dos acontecimentos que conseguimos reter ao voltar ao nosso corpo físico.

Nosso cérebro é um redutor da capacidade perceptiva de nosso espírito; e reduzindo-lhe a zero a percepção espiritual, reduz-lhe também a zero a memória espiritual.

O cérebro é um instrumento que permite ao espírito a percepção das coisas materiais somente, e guarda-lhes a lembrança; ainda não desenvolveu a parte mediante a qual terá a percepção e a memória das coisas espirituais. Ao voltar o espírito para o corpo, sua memória espiritual deixa de funcionar, para só lembrar-se das coisas materiais, isto é, daquilo que lhe chegou através do cérebro. Por esta razão é que não nos lembramos de nossa atividade durante a semiliberdade que o sono nos concede.

A Lembrança dos Sonhos

Sabemos que nem tudo de nossa estada no plano espiritual por meio do sono fica esquecido ao acordarmos. Frequentemente trazemos de lá imagens, cenas, fatos e ideias que formam aquilo a que denominamos sonhos. O sonho é, por conseguinte, um reflexo fragmentário de nossa vida fora do corpo e fixamo-lo por analogia, por símbolos e por intuições.

Entretanto, para que sonhemos, isto é, para que lembremo-nos de qualquer fato que presenciamos no plano espiritual, é necessário que tal fato nos tenha impressionado fortemente a fim de que nosso espírito possa conservá-lo na mente, ainda quando envolto na matéria.

Analogia

Quando o espírito semiliberto do corpo pelo sono observa uma cena, um acontecimento, ou nele tomar parte, ao voltar para o corpo trazendo a lembrança, traduz o que viu por imagens que lhe são familiares. Procede, nesse caso, como uma criança que, ao descrever para um adulto um fato que presenciou, serve-se de sua reduzida compreensão infantil. Daí as descrições por vezes cômicas, absurdas, incompreensíveis, retorcidas que as crianças fazem. Elas viram o fato, mas não possuem recursos para se expressarem convenientemente. Assim o espírito, ao regressar ao corpo, não tem possibilidades de se lembrar fielmente do que viu; e o pouco do que se recorda, que constitui o sonho propriamente dito, sofre a distorção do cérebro e é traduzido pelas imagens comuns ao estado de acordado. Por exemplo, a lembrança da rapidez com que o espírito se movimenta no espaço é reproduzida no cérebro por uma queda de grande altura. Se um inimigo desta ou de outras encarnações nos persegue em nossa semiliberdade, parecer-nos-á que sonhamos termos sido perseguidos por alguém.

Como a vida de semiliberdade que o espírito vive durante o sono, tem muita coisa que lhe é desconhecida, serve-se da analogia, isto é, procura transformar no que conhece as cenas e fatos presenciados no mundo espiritual.

Símbolos

É comum o sonho traduzir-se por símbolos que não conseguimos entender, a não ser quando se dê o acontecimento com o qual o símbolo tem relação.

Temos amigos espirituais no espaço que se interessam por nós. Quando esses amigos julgam oportuno dar-nos um conselho ou advertir-nos de que, possivelmente, enfrentaremos situações difíceis ou desagradáveis para as quais devemos estar preparados, recorrem eles comumente aos símbolos. Caso se limitassem a falar-nos em nosso estado de semiliberdade, ao voltarmos ao nosso corpo físico não nos lembraríamos de suas palavras; ou se nos lembrássemos, seriam fragmentos sem significação. Assim, por meio de símbolos que lhes traduzam o pensamento, procuram impressionar-nos fortemente. Nosso espírito, embora no corpo físico, geralmente consegue recordar-se da forte impressão recebida. Para conseguir isso, o amigo espiritual que nos quer avisar, à medida que nos vai falando, vai formando em pensamento uma imagem que é refletida em nossa mente. Ao acordarmos, trazemos conosco aquele quadro simbólico, o qual nos intriga, por não o compreendermos no momento; isso só se dará quando acontecer o fato relacionado com ele.

Vejamos alguns exemplos que ilustram o que acabamos de expor: Uma pessoa sonhou certa vez que contemplava um rochedo. Eis que a terra tremeu e o rochedo reduziu-se a pó. Envolvendo-a a poeira a ponto de parecer sufocá-la, o medo começou a apossar-se dessa pessoa, quando ouviu uma voz que lhe dizia encorajadoramente: — Sê forte.

Acordou e como de pronto não compreendesse o significado do sonho, não lhe deu maior importância.

Algum tempo depois, essa pessoa sofreu um desastre financeiro; voltou uma tarde para casa carregada de sombrios pensamentos; trancou-se no quarto e, sentada ao pé da cama com a cabeça entre as mãos, entregou-se ao desespero. De súbito ouve distintamente a mesma voz do sonho, que lhe dizia terna e encorajante: — Sê forte. O sonho lhe voltou à memória e compreendeu então que um amigo espiritual, pressentindo a situação adversa, quis avisá-la para que se não desesperasse. O bom ânimo instalou-se de novo em seu coração aflito e recebeu novas energias para a luta; costumava dizer depois que esse sonho a livrara de cometer uma loucura.

A análise desse sonho simbólico é fácil. O amigo espiritual representou a situação financeira dessa pessoa, pelo rochedo. O desastre financeiro pelo esfacelamento do rochedo; e recomenda-lhe que seja forte na adversidade. E para que ela compreendesse o significado do sonho, foi preciso que acontecesse o fato ao qual ele se ligava.

Outra pessoa, em sonhos, viu-se atravessando extensa planície, castigada por sol ardente; de momento a momento, deparavam-se-lhe obstáculos; quando julgou estar no fim da travessia, surgiu-lhe pela frente um monte escarpado e põe-se a subir por ele, de arrastão, ferindo-se nas pedras. Ao terminar a subida, aguardava-a uma surpresa agradável: achou-se num bosque fresco e perfumado, onde cantavam pássaros e zumbiam abelhas; um grupo de amigos a recebeu e puseram-se a passear.

Acordou e, lembrando-se da visão noturna, pôs-se a meditar sobre ela; não encontrando de pronto a explicação, abandonou-a.

Tempos depois, entrou essa pessoa num período de extremas dificuldades, que se prolongou por anos. Nos momentos em que o desânimo e o desespero a assaltavam, vinha-lhe nítido à memória o sonho que tivera; a travessia da planície ardente e a subida ao áspero monte simbolizavam tempos representados pelo bosque perfumado. De fato, ao período de adversidade, seguiu-se um de paz e felicidades.

É fácil notarmos que se essas duas pessoas, em lugar dos sonhos simbólicos, recebessem de seus amigos espirituais apenas palavras sobre os acontecimentos que as aguardavam, dado a redução da memória que o espírito sofre ao voltar ao corpo, não se lembrariam delas; ao passo que conseguiram reter os símbolos que as impressionaram vivamente.

Intuições

Há manhãs em que despertamos com a sensação de termos sorvido calma e felicidade durante a noite. Inexprimível bem-estar se apodera de nosso íntimo; vemos as coisas sob um aspecto otimista; as dificuldades parecem-nos menores.

Outras vezes sucede o contrário: ao despertarmos trazemos sensações desagradáveis; uma ponta de inquietação como que veio conosco de dentro do sono. E embora nosso corpo tenha descansado, sentimos que o espírito passou uma noite agitada. São as intuições, isto é, o pressentimento do que vimos, ouvimos ou fizemos em espírito, aproveitando-nos da semiliberdade que o sono nos concedeu. Nós pressentimos, suspeitamos que algo de bom ou de mau se passou conosco, enquanto o corpo repousava.

É comum tomarmos resoluções completamente diversas daquelas que pretendíamos tomar na véspera; ao acordarmos pensamos de modo diferente daquele que pensávamos ao adormecer. É que durante o repouso do corpo, aproveitamos a oportunidade para consultar nossos amigos espirituais e deles recebermos sugestões e conselhos sobre os assuntos que nos preocupavam; e disso fica-nos a intuição de como agir.

Tal é o mecanismo do sonho e por aí vemos a dupla vida que vivemos: quando acordados, a vida material; e quando o corpo entra em repouso, a vida espiritual.

Viver dignamente uma e outra é o objetivo a que devemos colimar.

As Necessidades do Espírito

Tal qual o corpo que para crescer e tornar-se forte precisa de alimentos e exercícios adequados, assim também o espírito reclama cuidados para que possa resplandecer ao desencarnar.

O espírito encarnado, com raras exceções, é qual uma terra improdutiva que precisa ser transformado em jardim. E como da terra improdutiva se arrancam as ervas daninhas e nele se semeiam as plantas úteis, também do espírito rude, mau, vicioso, egoísta, vaidoso, orgulhoso, se extirpam as imperfeições até que ele se transforme em anjo reluzente.

Não há uma receita específica que, aplicada, nos transforme da noite para o dia. A pureza espiritual, que é a perfeição moral, só a alcançaremos pelo trabalho perseverante no bem, de nossa tenacidade em vigiar nossos atos, de nossa persistência em querermos fazer hoje melhor do que ontem. Em suma, é imprescindível que nós nos dediquemos incessantemente ao nosso aperfeiçoamento moral.

Se não há receitas específicas para conseguirmos a perfeição, há, no entanto, diretrizes que bem observadas nos conduzirão a ela. Vejamos um roteiro que nos proporcionará resultados satisfatórios:

Renunciar

A primeira necessidade da alma é saber renunciar. Certo não se lhe pede a renúncia total das coisas terrenas. Entretanto, renunciar a algumas horas de descanso, por mês, para consagrá-las a um enfermo; renunciar a alguma comodidade para acudir a um companheiro; renunciar a seus vícios, a seus maus hábitos; renunciar a vinganças, à maledicência, ao ódio, ao ciúme, à inveja; tudo são exemplos de renúncia que estão ao alcance de qualquer um de nós praticar.

Regozijo

Outra necessidade do espírito encarnado é regozijar-se sempre. Nosso coração deve pulsar em permanente regozijo. Mesmo que a adversidade se apodere de nós e nos faça derramar lágrimas de amargo sofrimento, jamais nos entreguemos ao desespero ou ao desânimo. Não alimentemos tristezas; sejamos alegres, reconhecidos a Deus pela reencarnação que nos concedeu para nosso próprio benefício.

Servir

Servir é outra necessidade do espírito encarnado. Não nos fechemos num círculo de egoísmo feroz. Sirvamos sempre. Aproveitemos todas as ocasiões que se nos apresentarem para sermos úteis aos nossos semelhantes.

E servindo a este ou àquele, não esperemos nem reclamemos recompensa. O bem, por pequenino que seja, para que cause satisfação a quem o faz e alegria a quem o recebe, deve ser feito desinteressadamente. E quem serve pelo exclusivo prazer de servir, jamais se defrontará com ingratos.

Corrigir

Corrijamos nossas próprias imperfeições. Não percamos tempo relacionando erros e deslizes alheios. Lembremo-nos de que não estamos isentos de falhas; por isso não sejamos rigorosos para com as falhas alheias; sejamos, contudo, rigorosos para conosco mesmos.

Confiança

Confiemos na Providência Divina. Acima de todos os poderes humanos, paira o poder soberano de Deus, em cujas mãos temos necessidade de repousar confiantes. Confiemos em nós mesmos para que, fortificados, vençamos nossas dificuldades. Tenhamos em mente que a dúvida é sempre destrutiva; ao passo que a confiança é construtiva. O duvidarmos da bondade de Deus e de sua justiça e de nossas próprias forças só nos trará tristezas e aborrecimentos.

A consciência

Há dentro de nós uma Chama divina: é a consciência. Temos necessidade do elogio de nossa própria consciência, o qual devemos buscar através de nossas ações, e não do elogio dos homens.

O dever

Por mais humildes que sejam nossos deveres, temos necessidade de cumpri-los escrupulosamente. O dever bem cumprido dá serenidade ao coração e tranquilidade à consciência.

Compreensão

Há pessoas que não nos compreendem e mesmo nos causam uma certa antipatia, infundada por vezes. É preciso que estimemos até essas pessoas; vencermos o sentimento de repulsa que nutrimos por elas e transformá-lo, pouco a pouco, em estima fraternal.

Desculpar

Desculpemo-nos mutuamente os erros; se formos defrontados pelos erros de nossos semelhantes, sejamos os primeiros a desculpar.

Discrição

Sejamos discretos; não bisbilhotemos a vida alheia; não percamos tempo com a maledicência, esse esquadrinhar a vida dos outros que tantos males origina.

Colaboração

Colaboremos com todos e em todos os lugares e em todas as ocasiões.

Amor

Aprendamos a amar nossos semelhantes até ao sacrifício, se for preciso.

Estas são algumas das principais necessidades do espírito encarnado, desejoso de marchar a passos largos para a perfeição moral. Como vemos, são elas de ordem fraternal, porque o principal objetivo que devemos visar é o desenvolvimento da fraternidade em seu mais alto grau, o que virá felicitar o gênero humano.

A Reencarnação

O Espiritismo é uma doutrina reencarnacionista; prega a reencarnação do espírito.

Nós vivemos alternadamente no mundo espiritual e no mundo material. No mundo espiritual vivemos sem o corpo de carne; e para lá iremos através da morte, isto é, do desencarne. No mundo material vivemos num corpo de carne; e para cá viemos pelo nascimento, isto é, pela reencarnação.

As finalidades da reencarnação são três: o aprendizado, a elevação e a reparação. Por isso chegamos à Terra investidos de graves responsabilidades e com um programa definido para cumprir.

Não estamos na Terra em gozo de férias, ou para vivermos ao sabor de nossa fantasia.

Aprendizado

A Terra é uma escola na qual estamos matriculados para desenvolver as nossas faculdades nobres. Pelas numerosas experiências que a vida na Terra nos proporciona, educamos o nosso sentimento, isto é, o nosso coração. A base da educação do sentimento é o grande primeiro mandamento: Amar a Deus sobre todas as coisas e ao próximo como a si mesmo. Derivam-se dele todos os outros preceitos educativos.

O aprendizado na Terra também nos dá a oportunidade de instruir o nosso espírito, enchendo-o de sabedoria.

Elevação

À medida que vamos educando nosso sentimento e adquirindo sabedoria, no mesmo passo iremos elevando-nos a planos superiores do Universo, isto é, ingressando em colônias espirituais mais adiantadas. A nossa elevação é uma consequência da educação de nosso sentimento e da sabedoria já conquistada.

Reparação

Se formos maus e praticarmos o mal, teremos de arcar com as consequências do mal que tivermos praticado. E assim a reencarnação funciona como um corretivo ao espírito culpado. Aquilo que tivermos feito os outros sofrer, isso mesmo sofreremos durante nossas reencarnações. Contudo, a reencarnação não é um elemento corretivo apenas: é também um elemento reparador. Nas reencarnações sucessivas seremos postos em íntimo contato com aqueles a quem causamos males e infelicidades, para que possamos dar-lhes a justa reparação.

O Ciclo das Reencarnações

Quantas reencarnações teremos na Terra?

Não há um número preestabelecido de encarnações para cada um de nós. Reencarnaremos tantas vezes quantas forem necessárias para nosso aprendizado, elevação e reparação. Unicamente de nós depende reencarnar mais ou menos vezes. Se nós nos comportarmos bem em cada reencarnação, reduziremos o número delas; do contrário o aumentaremos.

De um modo geral, podemos classificar as reencarnações em cinco grupos, que são: as felizes, as suaves, as semifelizes, as dolorosas e as sacrificiais.

As reencarnações felizes

Caracterizam-se estas reencarnações por conferirem a seus possuidores uma quase completa felicidade; estão isentos da maioria dos males que dificultam a vida na Terra; e, em qualquer posição em que estejam colocados, nada lhes falta; estão ao abrigo dos grandes sofrimentos e da necessidade.

Merecem as reencarnações felizes os espíritos que não trazem grandes faltas a sanar das reencarnações passadas; sabem tirar bom proveito da aprendizagem e trilham o caminho da elevação.

À medida que a ignorância for sendo banida da face da Terra, o número de reencarnações felizes irá aumentando porque, então, saberemos dedicar-nos ao nosso verdadeiro bem e ao bem de nossos semelhantes.

As reencarnações suaves

As reencarnações suaves constituem um prêmio de repouso para o espírito. Há espíritos que, como desencarnados, trabalham arduamente e por longo tempo nas regiões inferiores e de trevas do mundo espiritual; conseguem assim grandes créditos a seu favor; e como ainda não estão em condições de ascenderem a colônias superiores e pouco ou nada devem de reencarnações anteriores, é-lhes concedida uma reencarnação suave. Caracteriza-se uma reencarnação suave por facilitar ao espírito todo o necessário para sua elevação espiritual, e pondo-o ao abrigo das lutas penosas da existência terrena. Na face da Terra são numerosas estas reencarnações, como justo prêmio ao trabalho nobre é ao esforço em prol do bem aos semelhantes.

As reencarnações semifelizes

As reencarnações semifelizes são aquelas que proporcionam ao espírito alternativas de alegrias e de sofrimentos. Sempre há um quê a não deixar o espírito gozar a felicidade completa; contudo, analisando sua vida, não poderá dizer que ela foi totalmente de desgraças: às horas tempestuosas, sucederam-se horas bonançosas; repouso e tranquilidade depois de ásperas provações.

As reencarnações semifelizes constituem a grande, a imensa maioria na face da Terra, o que facilmente se explica: são raros os encarnados que não trazem dívidas de reencarnações anteriores; essas recaem no presente para serem pagas; e no momento de pagá-las, sobrevém o sofrimento. Todavia, uma vez liquidadas as dívidas, o espírito caminha para a felicidade, se tiver o cuidado de não contrair novas dívidas.

As reencarnações dolorosas

As reencarnações dolorosas trazem em constante sofrimento o espírito que passa por elas. Infelizmente ainda são bastante numerosas. Merecem-nas os espíritos que muito erraram, fazendo muito mal aos seus semelhantes em encarnações anteriores; agora recebem em seus próprios corpos o reflexo do sofrimento que infligiram aos outros.

Embora saibamos que sofrem porque merecem, nem por isso devemos deixar de estender-lhes nosso afeto, nosso carinho e nossas atenções; é nosso dever fraternal amenizar-lhes o rigor da expiação, ajudando-os na áspera senda da reparação.

É este um tipo de reencarnação que tende a desaparecer de nosso planeta. Na proporção em que o homem se for moralizando, irão acabando as reencarnações dolorosas.

As reencarnações sacrificiais

Reencarnações sacrificiais são aquelas que um espírito suporta com o fito de vir ajudar outros a se porem no bom caminho. Chamam-se sacrificiais, isto é, de sacrifício, porque os espíritos que as usam já alcançaram um grau de elevação tal que os isenta de virem passar por trabalhos e sofrimentos aqui na Terra; entretanto, para aqui vêm e sofrem e lutam, dando o bom exemplo no meio em que se reencarnam; visam com isso a promover o progresso de entes queridos que tinham estacionado nas sombras do mal.

Estas reencarnações são comuns e os espíritos elevados se servem delas para promoverem a melhoria do planeta; a maior de todas foi a de Jesus.

Por que o Espírito Reencarna

Diante dos sofrimentos aos quais o espírito se expõe na Terra, somos levados a perguntar por que ele se reencarna, submetendo-se, por vezes, a um duro viver.

Quando estamos desencarnados, habitando uma colônia espiritual, vemos as coisas de um modo diferente do que quando encarnados. Lá compreendemos que sem passar pelos trâmites da reencarnação, jamais adquiriremos força, poder, esplendor; nem nos será possível quitar os compromissos contraídos em antigas reencarnações; e convencemo-nos de que tudo isso só será possível mediante novas experiências na Terra. E para conquistarmos graus espirituais mais elevados que constituirão nossa riqueza verdadeira, e para retificar o passado cheio de culpas, encaramos de bom grado as incertezas das reencarnações.

O corpo humano funciona como um filtro depurador. A animalidade que trazemos de nosso passado inescrutável é retida pouco a pouco pelo filtro da carne; e de cada uma das reencarnações, o espírito sai um pouco mais depurado, um pouco menos animal, um pouco mais humanizado.

A consciência, torturada pelo remorso, encontra no corpo humano o remédio bendito de sua redenção. Os compromissos morais que assumimos conscientemente como encarnados, somente como encarnados podemos solvê-los. E enquanto os compromissos morais não forem solvidos, o remorso não deixará de perturbar o espírito culpado.

Assim é que a reencarnação reúne de novo, embora em ambiente diverso, ofendidos e ofensores, vítimas e algozes, os quais recapitulam juntos um passado de erros, procurando corrigi-los. E quando nós nos defrontamos com portadores de moléstias presentemente incuráveis, com os deficientes físicos, com a idiotia, com a cegueira, com a surdez, com a mudez e tantas outras, vemos irmãos que no passado se entregaram ao crime, aos vícios, à perversidade e agora, por meio do filtro da carne, procuram curar seus espíritos doentes, mutilados, enlouquecidos.

Quando desencarnados, compreendemos a extensão dos compromissos morais que assumimos e ansiamos por liquidá-los; vemos as deformidades que o vício, o crime, a perversidade, causaram ao nosso corpo espiritual; certificamo-nos, então, de que o único caminho a seguir é a reencarnação dolorosa para a obtenção da cura. E divisando novos e mais amplos horizontes, somos informados de que a reencarnação para o aprendizado e a elevação é que nos fornecerá os meios de alcançá-los. Tudo isso faz com que deixemos de lado os receios inúteis e mergulhemos nas sombras do mundo para conquistar as glórias do céu.

Por que Esquecer o Passado

O que estudamos sobre a lembrança dos sonhos, aplica-se também às recordações de nossas existências anteriores. Quando reencarnamos, nosso cérebro carnal, reduzindo nossas impressões espirituais a zero, não permite que nós nos recordemos das reencarnações pregressas; guarda-as adormecidas nas profundezas de nossa memória espiritual que nô-las restituirá mais tarde, ao desencarnarmos.

Todavia, além das causas próprias da matéria, há poderosas razões de ordem moral que impossibilitam a recordação do passado; vejamos as principais:

O remorso de crimes antigos

Assim como há pessoas que erram dolorosamente hoje, é provável que tenhamos cometido desatinos em nossas vidas passadas. E se nós nos lembrássemos, o arrependimento e o remorso voltariam a torturar-nos, não deixando nossa consciência livre para que nos apliquemos à correção dos erros e à reparação dos males que fizemos no pretérito longínquo.

A presença de antigos desafetos

Há duas forças irresistíveis que atraem os espíritos: o amor, força positiva; e o ódio, força negativa.

O amor é força positiva, porque o amor constrói.

O ódio é força negativa, porque o ódio destrói.

O amor atrai os que se amam; o ódio, os que se odeiam.

O ódio precisa ser transformado em amor, e doce fraternidade deve unir-se a todos. Para que isso aconteça, os desafetos do passado são colocados juntos na reencarnação presente, comumente na mesma família, unidos pelos laços consanguíneos, para se reabilitarem e aprenderem a amar-se uns aos outros. Por conseguinte, se não fosse o esquecimento transitório que esparge a paz nos corações, os lares terrenos em sua grande maioria seriam ninhos abomináveis de ódios inextinguíveis.

Situação presente inferior à passada

Em cada uma de nossas reencarnações, somos colocados em situações diferentes. E se a atual posição em que estamos for inferior à da reencarnação passada, a lembrança da grandeza do passado, agora inatingível, ser-nos-ia um tormento constante.

Do mesmo modo, se hoje estivermos reencarnados num corpo torturado por moléstias incuráveis, ou deformado, ou defeituoso, ao recordarmo-nos de que já tivemos um corpo perfeito, nossa dor seria bem maior.

Situação presente superior à do passado

Caso a nossa situação atual for superior à antiga, a lembrança do passado humilde em confronto com a grandeza do presente daria ensejo a que o orgulho se apossasse de nós, comprometendo nossas realizações.

Saudade de entes queridos

Nem sempre em nossas reencarnações estamos reunidos a nossos entes queridos do passado. Pode dar-se que reencarnemos em ambiente totalmente estranho, onde iremos conquistar novos amigos, novas afeições, entregando-nos à tarefa da redenção. Então a recordação de nossos entes queridos, dos quais estamos afastados provisoriamente, faria chorar os nossos corações.

Reincidência em vícios antigos

Outro grande inconveniente que a recordação do passado nos acarretaria é o perigo de reincidirmos nos vícios antigos, continuando o nosso embrutecimento. Se no passado os vícios nos arruinaram e agora o esquecimento transitório possibilita nossa reabilitação, a lembrança das reencarnações mal aproveitadas dificultaria sobremaneira nossos esforços e os anularia em muitos casos.

Rotina

Somos ainda rotineiros. Se nós nos lembrássemos de nossas reencarnações precedentes, seríamos levados a viver do mesmo modo hoje, como já o vivemos anteriormente. Nossa tendência seria continuar a viver do mesmo modo, sem procurarmos novos campos de ação. Estacionaríamos. Não progrediríamos a não ser mediante esforços sobre-humanos, dos quais a maioria das criaturas fugiria.

Pela ligeira análise que acima fizemos, ficamos compreendendo por que é necessário o esquecimento de nossas reencarnações anteriores. Porque as lembranças penosas e as angústias antigas viriam juntar-se às dificuldades de hoje e, longe de abrandá-las, agravá-las-iam. Eis explicado, embora sucintamente, porque as lembranças do que fomos anteriormente não podem ser despertadas; caso o fossem, ansiedades inúteis amargurariam os dias que agora vivemos.

Na realidade, contudo, nós não nos esquecemos de nosso passado; ele jaz latente em nosso íntimo e volta à nossa lembrança em forma de pendores, inclinações, gostos, simpatias e aversões. Todos nós temos tendências e faculdades que quase equivalem a uma lembrança efetiva de nossas vidas pregressas. Bastaria que nós nos puséssemos a analisar nossa vida presente, traçando um quadro de nossas inclinações, de nosso íntimo modo de pensar, para termos uma ideia bastante aproximada do que fomos no pretérito, porque hoje somos o produto dele.

E assim o homem inteligente evita queixar-se; sabe que através de suas queixas e lamentações, uma pessoa analisadora e observadora facilmente lhe descobrirá o passado, pelo menos em linhas gerais.

Quanto Tempo Passamos nas Colônias Espirituais

Entre uma reencarnação e outra, medeia um intervalo que não é igual para todos os espíritos; alguns demoram-se pouco tempo nas colônias espirituais; outros, mais. Sucede o mesmo que aqui na Terra, uns têm uma encarnação de duração longa; outros, mediana; e outros, curta.

O ditado, a vida começa aos quarenta anos, tem a sua lógica. O homem e a mulher reencarnados começam a viver plenamente a partir dessa idade. Até lá são os trabalhos para a aquisição da experiência. E atingindo a casa dos quarenta anos, pela experiência já adquirida, o homem e a mulher têm por obrigação viver uma vida em concordância com os preceitos da moral e das leis divinas.

Como não estamos aqui na Terra para sempre e como não sabemos qual será a duração de nossa vida, é bom estarmos sempre com nossos negócios em ordem. Porém o fato de nossa partida poder dar-se de um momento para outro, inesperadamente por vezes, não significa que devemos cruzar os braços e esperar. O que devemos fazer é lutar, trabalhar, estudar, amar a vida até o último instante; empregar utilmente todos os nossos momentos; não desprezar nada que possa enobrecer nosso caráter; aplicarmo-nos o mais possível ao bem de nossos semelhantes e a realizações dignas; desfazer ódios e inimizades; aproveitarmos todas as oportunidades para corrigir tudo quanto notarmos que fizemos errado nos anos anteriores; não poderemos levá-las conosco. É preciso que saibamos que nossa tranquilidade no Além dependerá exclusivamente de como estamos empregando nossos atuais anos de vida na Terra.

Quanto ao tempo que um espírito passa no espaço, isto é, em sua colônia espiritual, podemos agrupar as reencarnações em quatro tipos, que são: reencarnações rápidas, reencarnações demoradas, reencarnações difíceis e reencarnações compulsórias.

Reencarnações rápidas

Reencarnações rápidas são aquelas que se seguem logo após a reencarnação anterior, ficando o espírito pouco tempo na colônia espiritual. Trabalham por reencarnar rapidamente os espíritos que deixaram muitas coisas por fazer na Terra e compreendem que só quando as tiverem feito poderão adiantar-se e obter a tranquilidade de consciência. Outros procuram também reencarnar depressa para acompanharem o progresso do grupo a que pertencem e cujos componentes, por vezes, estão todos reencarnados.

Reencarnações demoradas

Quando entre uma e outra reencarnação medeia um longo intervalo, dizemos que a reencarnação é demorada. Poderemos permanecer por muitos anos em nossa colônia espiritual, por três motivos principais:

1º – Se tivermos cumprido todos os deveres que a última reencarnação nos impôs e nada, ou quase nada, deixamos por fazer, não há necessidade de uma reencarnação rápida.

2º – Outras vezes demoramo-nos a reencarnar, esperando os membros de nosso grupo desencarnarem para que, todos reunidos na colônia espiritual, tracemos em conjunto nossos planos de realizações futuras.

3º – E por fim, podemos permanecer por muito tempo desencarnados para que, com mais facilidades, dediquemo-nos a estudos prolongados na colônia espiritual em que habitamos.

Reencarnação difícil

Nem sempre conseguimos reencarnar com facilidade. Isto acontece quando não soubemos dar o devido valor à reencarnação precedente, desperdiçando-a ou concorrendo para a destruição da reencarnação dos outros. Esses são os casos mais comuns que podem dificultar nossa reencarnação. Temos então de trabalhar arduamente por longo período, até mesmo por séculos, para conseguir uma oportunidade de reencarne. E assim aprendemos a valorizar o corpo humano, nosso instrumento de trabalho na Terra.

Reencarnações compulsórias

Há espíritos que não querem reencarnar-se; grandes devedores querem fugir da reencarnação, esquivarem-se dela. Outros não cogitam absolutamente de se reencarnarem, ou por ignorância ou por comodismo. E como não podem ficar indefinidamente estacionários, são compelidos a reencarnarem-se; do contrário não progrediriam.

O Livre-arbítrio na Reencarnação

À medida que o espírito se esclarece, despe-se da ignorância e aprende a pensar por si mesmo, vai usando cada vez mais o seu livre-arbítrio.

Os espíritos adiantados usam plenamente de seu livre-arbítrio, porque sabem respeitar as leis divinas.

Os espíritos atrasados têm o seu livre-arbítrio controlado até certo ponto por seus superiores espirituais.

Os espíritos que se reencarnam compulsoriamente não usam de seu livre-arbítrio; suas reencarnações são preparadas por seus superiores de acordo com suas necessidades.

No estado de desencarnados usamos nosso livre-arbítrio no preparo dos planos de nossa futura reencarnação. Para isso, naturalmente, não deixamos de receber a supervisão e a cooperação de espíritos mais adiantados do que nós, os quais nos auxiliam com sua experiência. Damos então um balanço em nossas reencarnações passadas; vemos o que foi e o que não foi realizado; inteiramo-nos das obrigações que ainda nos faltam cumprir; cientificamo-nos dos erros que precisamos corrigir; percebemos as nossas faculdades morais e intelectuais que ainda estão por desenvolver. De posse destes elementos, estamos aptos a traçar o plano de nossa próxima vida na Terra.

Vem-nos agora à mente uma interrogação: sabemos então, de antemão, o que nos aguarda na Terra, isto é, conhecemos nosso futuro?

Sim, é natural que, ao planejarmos nossa reencarnação, saibamos como ela se desenvolverá em linhas gerais, não se precisando as minúcias apenas. E quando entramos na posse de nosso corpo terreno, esquecemo-nos do que combinamos em nossa colônia espiritual e o plano começa a se desenvolver.

O desconhecimento do futuro, quando reencarnados, nos traz duas grandes vantagens:

1ª – Caso soubéssemos que o futuro nos seria adverso, não teríamos coragem para nada e gastaríamos o tempo em lamentações.

2ª – E no caso de nos ser ele próspero, cruzaríamos os braços e esperaríamos que ele chegasse.

E onde estaria o progresso de nosso espírito, como cumpriríamos nossos deveres de aprendizado, de elevação e de reparação? Tal como a lembrança do passado, o conhecimento do futuro seria carga pesada demais para nós.

Uma vez reencarnados, a execução do plano depende de nossa vontade; sempre que agirmos mal é sinal evidente de que nos estamos desviando do plano traçado na espiritualidade, porque jamais se formulam planos cujo escopo seja o mal.

Há três causas que podem induzir-nos ao mal: a fraqueza, a ignorância, o endurecimento.

A fraqueza é a falta de força moral para cumprirmos nossos deveres de amor para com nossos semelhantes. Frequentemente perdemos excelentes oportunidades de praticar o bem por comodismo, ou por não querermos esforçar-nos um pouco.

A ignorância das coisas espirituais nos leva com facilidade ao erro.

Quando erramos por endurecimento, erramos com conhecimento de causa. Sabemos como agir bem; sabemos que não devemos praticar determinadas ações; porém o orgulho nos endurece o coração e contrariamos as leis divinas.

O remédio contra a fraqueza é fortificarmo-nos moralmente pela prece e vigiar para que não nos escapem as ocasiões de sermos úteis.

Contra a ignorância espiritual, o remédio é a instrução religiosa e pautarmos nossa vida pelos preceitos morais evangélicos.

E contra o endurecimento, o remédio é tratarmos de desenvolver a humildade em nossos corações. Uma vez desenvolvida a humildade, acaba-se o endurecimento pela extinção do orgulho que lhe deu origem.

Por vezes reencarnamo-nos para terminar trabalhos iniciados em reencarnações anteriores. Certamente não vamos encontrar o ambiente terreno, nem as coisas tais quais as deixamos ao voltar para o mundo espiritual no passado. Tudo se modifica continuamente. Todavia, ao traçar os planos de nossa reencarnação, aproveitamos os elementos e conhecimentos de que dispomos, frutos de experiências já adquiridas, e os aplicamos às obras a que nos vínhamos dedicando, visando aperfeiçoá-las.

É muito útil, por conseguinte, que envidemos todos os nossos esforços no sentido de criarmos desde já facilidades para nossas reencarnações futuras: um bem que fizermos, uma árvore que plantarmos, uma casa que construirmos, os filhos que educarmos, o cumprimento rigoroso de nossos deveres, as amizades que cultivarmos, as possibilidades de trabalho digno que criarmos para os outros, os amigos que conquistarmos, as boas leituras, os estudos, os bons sentimentos que desenvolvermos, a harmonia familiar, o amor e a fidelidade conjugais, o cuidado de não criarmos inimigos, tudo são fontes de facilidades para as reencarnações futuras, ajudando muito na preparação delas e possibilitando levar avante as obras pelas quais nos interessamos.

O Espírito Durante a Gestação

Logo que o óvulo é fecundado no organismo materno, inicia-se a reencarnação do espírito. E o futuro corpo humano vai formando-se átomo por átomo, molécula por molécula; e o espírito vai ligando-se a ele também átomo por átomo e molécula por molécula, até o dia em que se completa a reencarnação com o nascimento.

Ao receber permissão para reencarnar-se, o espírito começa seus preparativos; primeiramente se desliga de seus compromissos na colônia espiritual onde habita; depois estuda o plano, de sua futura vida terrena, procurando fixar na memória espiritual os principais problemas que o defrontarão na Terra e as soluções mais acertadas; em seguida, acompanhado de amigos e dos encarregados de proceder aos trabalhos de reencarne, desce ao seio da família que o abrigará. E tão logo se der a concepção e a sua consequente ligação ao corpo que começa a formar-se, o espírito vai perdendo a memória espiritual e os movimentos livres, ficando como que entorpecido, para despertar depois, já reencarnado. Se durante a gestação nós pudéssemos ver o espírito, o veríamos já em forma de uma criancinha amorosamente enlaçada ao colo materno.

Recepção do Espírito que se Reencarna

Enquanto do lado invisível a nossos olhos, os encarregados da reencarnação trabalham para que ela se efetue normalmente, ajudando o reencarnante até o último momento, cuidados especiais também se tomam de nosso lado.

Em duas partes se dividem as providências a ser tomadas para a recepção do espírito que se reencarna: uma delas é a parte material visando prover o recém-nascido do que ele necessitará como encarnado; a outra é a parte moral que visa a preparação espiritual do ambiente.

A preparação espiritual do ambiente do lar deve começar desde o primeiro instante da concepção. Devemos compreender que se está processando um ato dos mais respeitáveis, o qual acarreta consequências de profunda repercussão: de um lado temos um espírito imergindo na carne, com seu organismo espiritual completamente transformado para atender aos imperativos da reencarnação; do outro lado temos o organismo materno passando por alterações dolorosas. Daí a necessidade de se criar ao redor da gestante uma atmosfera de carinho, de tranquilidade, de júbilo, de confiança e de respeito; todos devem concorrer para facilitar-lhe ao máximo a tarefa divina. Lembremo-nos de que a futura mãe está trazendo em seu seio não só o corpo que se está formando, como também um espírito que se reencarna; e de que ela está rodeada constantemente de amigos espirituais, invisíveis para nós, auxiliando-a e desejosos de nossa cooperação. Os mais puros e nobres pensamentos devem envolvê-la.

Como poderoso meio de purificação do ambiente, recomendamos o cultivo da oração por todos os membros da família, não só em benefício do espírito que se está reencarnando, como também da futura mãe; esta, por sua vez, se esforçará por manter bons pensamentos e não se esquecerá de suas orações diárias.

O Crime do Aborto

Um mal que muito se tem generalizado, principalmente nas cidades grandes, é o aborto provocado. As mais tolas razões são invocadas para desculpar esse ato que frustra a reencarnação de um espírito e põe em risco a vida da mãe e sempre lhe arruína a saúde.

O aborto provocado é um crime; as leis humanas se movimentam para punir os culpados; entretanto, como é praticado dentro do maior segredo, ficam impunes na Terra. Todavia os responsáveis pelo aborto provocado não escapam das penalidades que as leis universais, regedoras de seus destinos, lhes impõem; decepções e sofrimentos os aguardam no limiar do mundo espiritual para onde irão quando desencarnarem, com profundas repercussões em suas reencarnações futuras.

Vimos que o espírito começa a ligar-se ao corpo em formação no seio materno, desde o instante da fecundação do óvulo, isto é, da concepção. Embora ainda não esteja formado na ocasião do aborto provocado, o feto tem vida própria, porque a ele está ligado um espírito. E esse espírito, durante longos anos, preparou-se para reencarnar; traçou planos de sua vida na Terra, suportou em seu organismo espiritual operações trabalhosas, próprias para facilitar-lhe a reencarnação; e pelo aborto provocado todo esse ingente esforço fica perdido.

Uma vez ligado à matéria, o espírito em processo de reencarnação começa a ficar com sua memória espiritual obliterada pela densidade do corpo físico que se forma. E assim, ao ser provocado o aborto, o espírito recebe um choque horrível, equivalente ao choque de um desencarne violento e doloroso; e em condições lamentáveis de sofrimento e de perturbação, retira-se do seio que o abrigava.

Agora, se o espírito que se reencarna e teve sua reencarnação frustrada pelo aborto provocado for um espírito compreensivo e de sentimentos nobres e elevados, quando consegue recompor-se do desastre que sofreu, perdoa e aguarda outra oportunidade. Porém, se for um espírito de pouca compreensão e não possuir ainda elevação e nobreza de sentimentos, ao dar-se conta do mal que lhe causaram, transforma-se imediatamente num inimigo rancoroso à espera do momento oportuno para vingar-se.

Pelas razões expostas concluímos que sejam quais forem as circunstâncias em que se deu a concepção; seja qual for a situação dos responsáveis por ela, tanto o homem como a mulher, é sempre preferível, para a tranquilidade futura, permitirem que ela se processe normalmente, do que comprometerem o futuro praticando o crime do aborto, o qual diante das leis divinas equivale a um assassínio.

O Espírito na Infância

Uma vez que a lembrança do passado oblitera-se pela densidade do corpo terrestre, o espírito se apresenta na fase infantil revestido da pureza e da inocência; esqueceu o que praticou no passado e também os hábitos adquiridos; está portanto em condições de ser novamente moldado, isto é, reeducado por seus pais.

Todavia, do passado remoto, o espírito traz vagas lembranças que se traduzem na presente reencarnação pelas tendências ou vocação, que desde cedo a criança começa a demonstrar.

Há crianças que manifestam tendências para o bem e para as coisas elevadas; outras, para o mal e para a prática de baixezas; outras, enfim, apresentam uma mistura de boas e de más inclinações.

Os pais devem ser educadores vigilantes; desde que a criança nasce, precisam dedicar-se a descobrir-lhe, a estudar-lhe as tendências, para combater as más e estimular o desenvolvimento das boas; com isto farão com que seus filhos aproveitem totalmente a nova reencarnação que lhes foi concedida.

A tarefa pode ser fácil e pode ser difícil; é fácil quando a criança tende para o bem e para as coisas elevadas; nesse caso, basta que os pais se limitem a não criar empecilhos ao desenvolvimento normal das boas tendências, estimulando-as o mais que puderem.

Quando a criança apresentar boas e más propensões, a tarefa dos pais se torna mais difícil. Cumpre-lhes traçar um quadro dividido em duas partes: numa anotarão os bons e na outra os maus pendores que irão descobrindo e observando em seus filhos; e o esforço dos pais será o de fazer com que os bons se desenvolvam para destruír os maus.

Por fim, a missão dos pais se torna sumamente penosa, complexa e difícil quando a criança revela somente más disposições. Nesse caso, muito carinho, muito cuidado, muita atenção, muito amor, grande devotamento e abnegação, os pais deverão aos filhos que apresentarem rebeldia ao bem. Do mesmo modo, organizarão um quadro no qual marcarão o que forem observando; e à medida que se manifestem as más inclinações, serão combatidas imediatamente.

Jamais os pais se esquecerão de que o exemplo é o melhor dos mestres. Por isso os pais viverão uma vida digna, honrada, sóbria, pura, que sirva de modelo a seus filhos. É importante também que os pais vigiem cuidadosamente a amizade de seus filhos, para que não se contaminem desde cedo com os exemplos dos vícios e dos maus comportamentos.

É, por conseguinte, o período infantil a ocasião propícia para a construção das bases da vida. O adulto vive geralmente segundo a orientação que recebeu na infância.

Princípios Educativos

O primeiro cuidado que os pais terão ao receber seus filhos é lembrar-se de que seus filhos, antes de ser seus filhos, já o eram de Deus. Os pais são depositários dos espíritos que lhes foram confiados e por esse depósito responderão mais tarde, no mundo espiritual para onde serão chamados.

É necessário que os pais preparem seus filhos para o trabalho e para a luta que os aguardam no decurso da existência.

O trabalho e a luta não se apresentam de chofre ao espírito reencarnado; a princípio é a calma e a tranquilidade do lar paterno e a despreocupação da infância; aos poucos, à medida que o corpo se desenvolve, começam os trabalhos e as preocupações da adolescência; depois os da mocidade, em seguida os da maternidade, para culminar com os da velhice.

A força que habilita o espírito reencarnado a sofrer os golpes e os trabalhos rudes da vida deve ser haurida na infância.

É dever dos pais lembrar também que seus filhos não são melhores nem piores do que os filhos dos outros; como os filhos de todos os outros pais, são espíritos em tarefas de regeneração, de elevação e de aprendizado, não gozando, por conseguinte, de nenhum privilégio. Devem, pois, os pais tratar os filhos alheios em pé de igualdade com os seus, exemplificando assim perante eles o sublime sentimento da fraternidade.

Na escola do lar, os pais ensinarão a seus filhos, e farão com que eles compreendam, que toda a dor é digna de respeito pelos princípios enobrecedores que confere ao espírito; e também que todo o trabalho edificante é divino, porque só pelo trabalho honesto é que o espírito se regenera, aprende a elevar-se. Ensinarão a seus filhos a não desperdiçar coisa alguma, porque todo o desperdício é uma falta grave, por destruir coisas essenciais à vida. Outro ponto importante a ensinar-lhes é o respeito pelo infortúnio alheio. Os infortunados estão passando por provas dolorosas, frutos do passado delituoso, ou de erros do presente; são, contudo, merecedores de respeito e carinho para que mais facilmente resgatem os débitos penosos. E sabem os pais, porventura, as experiências pelas quais seus filhos terão de passar? Quantos infortunados de hoje não foram afortunados nas casas de seus pais!

Os pais trabalharão por erguer o sentimento de seus filhos para Deus. Assim lhes ensinarão que há uma Providência Divina regendo todas as coisas e ante cuja vontade deverão curvar-se com humildade.

No lar, sob a orientação de seus pais, os filhos aprenderão a ser humildes e perseverantes; a não se iludir com os triunfos transitórios do mundo, entregando-se ao orgulho que corrói o espírito, aniquilando as boas qualidades do coração; e a cultivar a perseverança no trabalho e no estudo e em todos os esforços para o bem.

Compreendemos agora quão útil e precioso é o período infantil! A fraqueza da infância torna as crianças flexíveis aos conselhos daqueles que têm a seu cargo a educação delas. Passado esse período, entra a criança na adolescência, na qual já deve entrar preparada para o desabrochar de um bom caráter.

O Espírito na Adolescência

A adolescência é o período em que o espírito reencarnado começa a dar os primeiros passos sozinho; ainda está sob a vigilância e a guarda de seus pais, mas já goza de um pouco de liberdade para dirigir-se.

A fase da adolescência é mais delicada do que a infantil. Na infância, os pais exerciam completo domínio sobre os filhos; na adolescência, notam que esse domínio se vai restringindo; defrontam-se então com vontades que, por vezes, são diversas das suas, demonstrando os filhos outro modo de pensar, de viver, de sentir a vida.

Os pais devem saber adaptar-se a esse novo estado de coisas; na infância foram educadores; na adolescência, devem ser conselheiros, amigos, irmãos de seus filhos. Devem os filhos perceber nos pais não mais a autoridade paterna, mas a amizade carinhosa e a experiência dos mais velhos a guiá-los na vida que principiam a viver.

É na adolescência que se acentuam as tendências do espírito reencarnado; essas tendências, corrigidas pela educação recebida na infância, formam-lhe o caráter.

Na adolescência, completa-se a educação; porém, se o espírito não foi acostumado aos bons hábitos desde a infância e se os pais não aproveitaram o período infantil para incutir em seus filhos os bons princípios educativos, pouca coisa será conseguida na adolescência. Daí a importância da boa educação ministrada na infância, quando os maus pendores eram plantinhas tenras que podiam ser extirpadas com facilidade; na adolescência, elas já têm raízes fortes e resistem ao trabalho educativo. Contudo, cumpre não desanimar; é continuar a luta para que o reencarnado possa entrar na idade madura o mais retificado possível.

O Espírito na Idade Madura

Depois de passar pela adolescência, entra o reencarnado na idade madura que se prolongará até a velhice.

Na maturidade, o espírito reencarnado se revela tal qual é, com as modificações que lhe foram impostas pela educação, pela instrução, pelo meio em que se reencarnou e pelo aprendizado recebido na infância e na adolescência; goza então de inteira liberdade e é plenamente responsável por seus atos.

É na idade madura que executamos os planos traçados quando estávamos em nossa colônia espiritual.

Para não falharmos, é preciso que nós nos revistamos de humildade, do desejo sincero de pautar nossos atos pela mais alta moral e resistir a todas as tentações do mal, dos vícios e do egoísmo. É preciso que reflitamos bem antes de praticar nossas ações, para que depois não nos entreguemos ao arrependimento e ao remorso de termos prejudicado ou feito sofrer os outros.

Perguntamos agora: como desenvolveremos os planos previamente concebidos, se a reencarnação nos impôs o esquecimento?

Realmente, a reencarnação nos impôs o esquecimento não só das reencarnações anteriores, como também do que se passou conosco em nossa colônia espiritual. Contudo, em nossa atual reencarnação fomos colocados na posição exata para darmos cumprimento com êxito de nossas obrigações. E durante nossa vida de reencarnados somos guiados invisível e intuitivamente à realização daquilo que nos propusemos; e à medida que se tornam necessários, são-nos concedidos os recursos para o bom desempenho de nossos trabalhos aqui na Terra.

Sabemos perfeitamente, e é lógico assim pensar, que ninguém se reencarna para praticar o mal; aqueles que se entregam ao mal, ou que não pautam suas vidas pela moralidade, ou que não espalham contentamento e alegria ao seu redor, ou que se encerram no egoísmo feroz, esses são espíritos infelizes que desprezaram a oportunidade de se regenerar e de se elevar.

Assim podemos afirmar que o nosso programa a desenvolver como espíritos reencarnados que somos é mais ou menos o seguinte: aprender tudo o que pudermos de bom e de útil; guiar para o bem aqueles que nos forem confiados; fazermos o maior número possível de benefícios; jamais praticarmos o mal; não cultivarmos vícios e sim virtudes; sermos resignados e pacientes na adversidade, humildes na prosperidade; perdoarmos sempre; servir continuamente a nossos semelhantes; enfim, procurarmos atingir a perfeição moral.

Em linhas gerais, esboçamos aquilo que devemos realizar na Terra. E quando chegarmos à idade madura em que temos ampla liberdade para gerir nossa vida, se seguirmos o esboço acima não nos afastaremos do que tínhamos resolvido antes de reencarnar.

O Espírito na Velhice

O espírito não envelhece, torna-se experiente. A velhice do espírito é a experiência que ele vem acumulando durante os milênios.

Todavia, quando estamos reencarnados nosso corpo envelhece, isto é, apresenta os sinais do desgaste próprio das coisas materiais.

A velhice é a fase gloriosa de nossa vida. Ao relembrarmos o passado distante, vemos que vão longe os trabalhos e as canseiras e próximo vem o dia da alforria, o dia em que voltaremos para nossa colônia espiritual, de onde há tanto tempo partimos. Um misto de esperanças e de receios nos assalta: de esperança pela certeza que temos de nossa imortalidade, da continuação de nossa vida em outros planos luminosos do Universo, na companhia dos entes queridos que nos precederam na partida; e de receio por sentirmos que nos vamos defrontar com algo que nos parece desconhecido.

Os receios são infundados; quando nosso espírito se desprender definitivamente do corpo e nossos olhos materiais se fecharem para sempre, abrem-se os olhos do espírito ressurrecto e braços carinhosos se estendem para receber-nos.

A nossa felicidade na velhice não consiste em termos amealhado copiosos bens materiais; ela consiste em possuirmos a tranquilidade de consciência, a paz interior, a satisfação de nunca termos prejudicado ninguém, de termos vivido uma vida reta, moralizada, honesta; e fossem quais fossem as tempestades e as tentações que nos assaltaram em nossa jornada, sempre soubemos conservar nossa dignidade, nossa honradez e prezar nosso caráter.

Felizes, três vezes felizes os velhos que possuem uma consciência tranquila, uma consciência que não os acuse de nada! Que ao recordarem a vida já vivida, verificam que cumpriram nobremente todos os seus deveres, mesmo no meio de circunstâncias penosas! Esse é o maior tesouro; o grande tesouro que levarão consigo para a pátria espiritual; é o tesouro que nem as traças corroem, nem os ladrões roubam.

Trabalhemos, pois, incessantemente por possuirmos uma consciência tranquila e pura, porque é o maior bem a que devemos aspirar; porque é sinal seguro de que cumprimos satisfatoriamente as obrigações que assumimos ao mergulharmos nos fluidos densos da carne.

A Perfeição Moral

Todos os nossos esforços devem tender a conseguirmos a perfeição moral, único meio de aproveitarmos totalmente nossa reencarnação.

A perfeição moral é a chave que nos abre as portas dos mundos e das colônias espirituais superiores; granjeia-nos aqui na Terra o respeito e a estima dos homens e nos dá a tranquilidade de consciência.

É preciso que nos esforcemos por não cometer nenhuma falta, em tempo algum. E como já sabemos distinguir o bem do mal, é lógico e sensato que devemos sempre cultivar o primeiro e evitar o segundo.

Não nos iludamos, todavia, julgando que isso seja tarefa fácil; não é; requer muita vigilância sobre nossos atos, muita atenção e sobretudo grande força de vontade.

Aos nossos leitores que desejarem trabalhar pelo seu aperfeiçoamento moral, propomos o seguinte roteiro que, bem seguido, os conduzirá a resultados surpreendentes e compensadores do sacrifício que fizerem:

Temperança

Não comam nem bebas demais. Evita o fumo e o álcool. Modera os teus desejos. Refreia tuas ambições.

Silêncio

Fala apenas o que pode beneficiar os outros ou a ti mesmo. Evita conversas fúteis. Não te entretenhas com conversas ou leituras nocivas.

Ordem

Que todas as tuas coisas tenham o seu lugar e todas as tuas obrigações sejam feitas em seu devido tempo. Cumpre rigorosamente teus deveres materiais e espirituais.

Resolução

Resolve fazer o que deve ser feito e faze com decisão o que tiveres resolvido fazer. Sê resoluto e firme em uma conduta reta, nunca te desviando nem mesmo para servir a amigos. Teu propósito é servir a Deus e não a caprichos de amigos ou de familiares.

Frugalidades

Não faças gastos a não ser para beneficiares os outros ou a ti mesmo. Não desperdices nada. Evita o jogo, qualquer que seja. Não contraias empréstimos. Vive unicamente de teus honorários ganhos honestamente. Antes de assumires um compromisso, presta muita atenção.

Indústria

Não percas tempo; estejas sempre ocupado em fazer alguma coisa proveitosa. Divide o dia: oito horas para o trabalho; oito, para o repouso, e oito, para as restantes obrigações, inclusive diversões diversas, orações e estudos. Sê útil a todos, não importando a crença, a cor, a raça, ou a posição social a que pertençam.

Sinceridade

Não uses de mentiras perniciosas. Pensa inocente e justamente. E quando falares, fala sinceramente. Não digas mentiras agradáveis a quem quer que seja; nem verdades desagradáveis que possam ofender ou humilhar.

Usa do silêncio quando não puderes ajudar pela palavra.

Justiça

Não desprezes as oportunidades de servir a teus semelhantes. Defende os que forem injuriados ou caluniados injustamente. Aceita as ofensas pessoais com resignação.

Moderação

Evita os extremos. Não te ressintas de injúrias ou males que te causarem. Não guardes rancor, nem ressentimentos de ninguém. Cultiva a harmonia entre ti e os outros. Sê enérgico apenas para contigo mesmo; moderado para com os outros.

Pureza

Mantém em toda parte pensamentos puros.

Tranquilidade

Não te perturbes por bagatelas, ou por acontecimentos que não podes evitar. Teu caráter deverá ser brando, sereno, construtivo. Vigia teus pensamentos para que eles sejam harmoniosos. Não te entregues à ira, nem ao nervosismo.

Castidade

Guarda fidelidade ao altar doméstico. Vê no sexo oposto irmãs ou irmãos.

Humildade

Procura imitar Jesus, vivendo de acordo com seu Evangelho. Jamais desprezes alguém, por mais modesta que seja a criatura.

Os preceitos acima não são para ser lidos uma vez apenas e depois esquecidos; devem ser meditados e seguidos rigorosamente. Durante o dia esforcemo-nos por pô-los em prática; à noite, ao deitarmo-nos, façamos um exame de consciência para ver se não transgredimos nenhum deles. Em pouco tempo, descobriremos os pontos fracos de nosso caráter e então os combateremos com mais facilidade.

Aos preceitos acima, ajuntaremos mais os seguintes princípios de conduta religiosa:

Evita seguir religiões dogmáticas. As religiões dogmáticas, por não trazerem auxílio ou benefício ao espírito, constituem um entrave ao progresso espiritual de quem as professa. E como o progresso espiritual é uma das finalidades da reencarnação, as religiões dogmáticas causam o estacionamento espiritual de seus profitentes.

Se és casado, ou casada, e tua companheira, ou companheiro, não compartilha de teu modo de pensar, segue em separado o teu caminho espiritual.

Se és solteiro, ou solteira, e vieres a construir teu lar, que tua companheira, ou companheiro, pelo menos aceite o princípio da Reencarnação e o da Imortalidade da alma.

Guia teus filhos dentro da doutrina que professas, fazendo com que eles assistam às aulas do Catecismo Espírita, bem como a todos os trabalhos do Centro Espírita, compatíveis com a idade deles.

Estuda o Evangelho e a Doutrina Espírita.

Faze tuas orações em hora certa, diariamente.

Institui o culto do Evangelho em teu lar, uma vez por semana, pelo menos.

Não forces ninguém a aceitar tuas ideias religiosas.

Analisa todas as opiniões a respeito de tua doutrina.

E lembra-te de que: há um só Deus que criou o Universo e tudo o que o Universo contém; ele é o teu pai celeste, ao qual deves respeito e amor; governa o Universo por meio de leis sábias; pode ser amado pela adoração, pela prece e pela gratidão; mas a melhor maneira de o amares é fazendo o bem ao teu próximo.

Tu és imortal e progrides através de sucessivas reencarnações.

As leis divinas recompensam o bem e a virtude e punem o mal e os vícios, agora ou no futuro.

Acabamos de estudar um roteiro seguro para que possamos aproveitar integralmente nossa reencarnação. Como vimos, não é um trabalho tão fácil como a princípio parece. Contudo não é irrealizável e está ao alcance de todos nós, bastando para isso que tenhamos boa vontade.

O Sofrimento

O tão debatido problema do sofrimento humano só pode ser compreendido à luz dos ensinamentos do Espiritismo.

Quando Jesus foi preso, um dos que estavam com ele, metendo a mão à espada, desembainhou-a e, ferindo a um servo do sumo pontífice, lhe cortou uma orelha. Então lhe disse Jesus: Mete a tua espada no seu lugar; porque todos os que tomarem a espada, morrerão à espada.

E quando pronunciava o Sermão da Montanha, Jesus afirmou: ... e com a medida com que medirdes, vos medirão também a vós.

Resumidas, essas lições de Jesus significam: aquilo que fizeres aos outros, isso mesmo receberás.

Assim é fácil compreendermos que sejam colhidos pela dor os que não mantêm veis, às voltas com o sofrim um reto proceder. Porém quantas vezes vemos criaturas, cujas vidas são irrepreensí ento; e outras, que vivem afastadas do bem, parecerem favorecidas pela boa sorte. Diante disso, a revolta costuma aninhar-se no coração dos sofredores.

Nenhum sofredor se revoltaria, se todos fossem convenientemente esclarecidos. Os sofredores podem ser divididos em dois grupos. Num grupo situam-se os que, diante da afirmativa evangélica, procuram compreender as causas de seus sofrimentos. E como mantêm o coração humilde e resignado perante os desígnios do Altíssimo, intuitivamente percebem a justiça que se cumpre e daí lhes advém grande conforto moral. Ao outro grupo pertencem os sofredores revoltados. Estes, insurgindo-se contra o corretivo que lhes é imposto pelas leis divinas, tornam-se surdos às intuições confortadoras que lhes dirigem seus amigos do plano espiritual e cegos ao influxo benéfico dos ensinamentos evangélicos; e assim anulam a cura que o sofrimento traria a seus espíritos doentes.

Completando as lições de Jesus, vem agora o Espiritismo com novas lições de grande alcance para todos os que sofrem e também para os que desejam evitar sofrimentos futuros.

Lembremo-nos constantemente de que uma vida ou uma reencarnação que passamos aqui na Terra é o reflexo e a consequência de nossas vidas ou reencarnações passadas, principalmente da última. Do mesmo modo, nossa futura reencarnação será consequência e reflexo da atual.

Eis porque há pessoas que nada de mal fizeram na vida presente e sofrem; é porque se hoje são bondosas já foram más no passado e arcam agora com as consequências do mal que espalharam. Dessa maneira, devemos ter piedade das pessoas que praticam o mal e ficam impunes; nas reencarnações futuras envergarão os corpos dos sofredores e então prestarão contas das más ações que tiverem cometido.

Nós somos os construtores de nosso próprio Destino. Este, segundo nossas obras, poderá ser uma aurora de luz, ou o catre doloroso do sofrimento. A esse respeito, eis como se expressa um generoso mentor da espiritualidade:

"Nas estradas em que buscamos a luz da salvação, encontramos os mais díspares seres humanos. Ali, depara-se nos um homem impiedoso, detentor de sólida fortuna; acolá, debate-se um justo entre a fome e a enfermidade que parecem intermináveis. Num mesmo lar nascem santos e ladrões. Há pais excelentes cujos filhos são indesejáveis, monstruosos. Uma via pública exibe jovens elegantes e, miseráveis criaturas que se arrastam entre a lepra e a cegueira. Poderíamos admitir que o Criador, magnânimo e sábio, deixasse de ser pai para ser um experimentador desalmado? Não admitamos esse absurdo teológico, mas ponderemos na verdade de que se cumpre desde agora o "a cada um segundo suas obras", dos ensinamentos de Jesus. Na obra divina, infinita e eterna, cada filho tem responsabilidades próprias. A criatura se engrandecerá ou submeter-se-á ao rebaixamento, conforme utilize as possibilidades recebidas. No caminhar de cada dia, podemos observar os que ascendem apesar dos dolorosos testemunhos, os que estacionam em receios inúteis, os que resgatam e os que contraem novas dívidas."

Diante de tão nobres palavras, doravante encaremos o sofrimento como uma escada de misericórdia por cujos degraus subiremos às esferas felizes.

A Lei do Choque de Retorno

Convençamo-nos de uma verdade: o que fizermos de bom, de virtuoso, de honesto, de benéfico aos outros, voltará a nossas mãos em forma de saúde, bem-estar, conforto, alegria, felicidade, facilidades de viver, estancando assim a fonte de sofrimentos. E o que fizermos de mau, de vicioso, de desonesto e de prejudicial aos nossos semelhantes, do mesmo modo virá ter conosco, gerando-nos dissabores.

É a lei do choque de retorno que se enuncia assim: "Tuas ações, depois de atingirem o objetivo para o qual as criaste, voltarão a ti próprio, produzindo em ti mesmo os mesmos efeitos".

É a lei do choque de retorno que não deixa nada impune. Nossos menores e quase despercebidos atos são castigados ou recompensados por ela. E explica-se, por conseguinte, porque há pessoas que na atual reencarnação nada de mal fizeram e estão a braços com o sofrimento, algumas visitadas por ele desde o berço. É a lei do choque de retorno que está funcionando: cometeram no passado ações que não deviam e recebem agora, em si próprios, os efeitos que produziram nos outros.

É sabedoria, portanto, acionarmos a lei do choque de retorno sempre a nosso favor. E para isso é preciso que sejamos bondosos para com todos.

Causas do Sofrimento

Quanto às causas que dão origem ao sofrimento podemos resumi-las em três grupos, que são:

1º – O mal que fizemos ou viermos a fazer aos outros.

2º – O mal que fizemos ou viermos a fazer a nós próprios.

3º – Nossa indiferença pelo progresso.

O mal que fizemos aos outros

Há inúmeras maneiras de fazermos o mal aos outros: a maledicência, a calúnia, os prejuízos que lhes causamos, a vida que lhes tiramos, enfim, todos os atos que causarem sofrimentos e perturbações a nossos semelhantes, uma vez praticados por nós, colocam-nos na dependência dolorosa da lei do choque de retorno. E uma vez que movimentamos essa lei pelo lado do mal, ela nos devolverá o mal que tivermos feito aos outros, quer nesta ou nas reencarnações futuras. Daí a necessidade imperiosa de jamais prejudicarmos os outros, nem por palavras, nem por atos; porque o prejuízo que causarmos aos outros redundará em nosso próprio prejuízo. E assim, aqueles que sofrem, se examinarem o seu padecer à luz do choque de retorno, facilmente descobrirão em que erraram outrora para serem punidos hoje.

O mal que fizemos a nós mesmos

Não é, contudo, somente o mal que causamos aos outros a origem de nosso sofrimento; há também o mal que causamos a nós próprios.

Nosso corpo é um instrumento de trabalho que nos foi concedido pelo Altíssimo; por conseguinte, é nosso dever conservá-lo carinhosamente. Sempre que estragamos nosso corpo pelos vícios, pela incontinência, pela luxúria, pelos excessos, estamos sujeitos a receber na reencarnação seguinte um corpo doentio, a refletir o desgaste inútil a que submetemos o corpo de nossa reencarnação anterior. E aqueles que deliberadamente destroem seus corpos, isto é, suicidam-se, abrem uma fonte de tormentos para si, não só no mundo espiritual, como também na futura reencarnação.

Nossa indiferença pelo progresso

Outro mal de não menos lamentável consequência que cometemos contra nós próprios é nossa indiferença pelo nosso progresso espiritual. Como já sabemos, somos espíritos imortais, fadados a progredir sempre, a crescer espiritualmente. E quando adormecemos na matéria, tratando apenas do corpo, esquecidos de cuidarmos do espírito, o sofrimento vem despertar-nos para a realidade.

Há duas espécies de aprendizado: o aprendizado pacífico e o aprendizado doloroso.

O aprendizado pacífico é quando aprendemos de boa vontade, procurando por todos os meios o nosso progresso espiritual. Para isso, aceitamos o Evangelho e procuramos aprender através dele como viver de conformidade com as leis divinas.

O aprendizado doloroso se dá quando permanecemos indiferentes ao estudo e à aplicação das leis divinas, unicamente preocupados com a vida material e cultivando o egoísmo. Nesse caso, somente o sofrimento é o remédio indicado para nos colocar no caminho certo.

Os indiferentes ao bem e ao mal encerram-se numa concha de comodismo, destruidor de suas forças espirituais; e assim não sobem, não progridem; espiritualmente falando, adquirem como que a imobilidade da pedra. Pertencem eles à classe dos indivíduos a que Jesus se refere, quando diz: "Quem comigo não ajunta, espalha".

Realmente, a indiferença ao bem, conquanto não pratiquem o mal, faz com que espalhem, percam, as excelentes oportunidades de ascensão que a misericórdia divina colocou em seu caminho.

Por isso, é útil analisarmos nossa vida atual, para verificarmos se não estamos adormecidos para as verdades espirituais, para o altruísmo, para a solidariedade e para a fraternidade para com todos os nossos semelhantes. E se estivermos adormecidos, é bom acordarmos logo antes que o sofrimento funcione como um despertador.

O Sofrimento Quanto ao Tempo

Quanto ao tempo, as causas do sofrimento podem ser atuais ou remotas. São causas atuais do sofrimento aquelas que deram origem a ele na presente encarnação, por exemplo: ambição desenfreada, vícios e excessos de toda a sorte que arruínam a saúde; a ira que nos faz cometer atos impensados etc.

A causa do sofrimento é remota quando não conseguimos encontrá-la na presente reencarnação; ela se situa então na reencarnação ou nas reencarnações anteriores. Tal acontece com as pessoas que já nascem sofrendo, com deficiências, com doenças incuráveis etc., e outras pessoas de bom comportamento e que, de um momento para outro, inexplicavelmente, se veem a braços com cruéis padecimentos. É a lei do choque de retorno que lhes devolve o sofrimento que semearam no passado, como nos devolverá no futuro o mal que cometermos no presente.

O Sofrimento Quanto às Pessoas

Quanto às pessoas, o sofrimento pode ser individual, coletivo, próprio, reflexo, moral e material.

O sofrimento é individual quando sofremos sozinhos.

O sofrimento é coletivo quando ele se abate sobre uma nação ou sobre um povo, fazendo com que a coletividade passe por uma grande prova, apesar de todos os esforços para desviá-la.

O sofrimento coletivo difere do sofrimento individual no seguinte: o nosso sofrimento, isto é, o sofrimento individual pode ser mitigado pelo menos. Porém o sofrimento coletivo não está ao alcance das pessoas evitá-lo, nem mesmo aliviá-lo.

O sofrimento coletivo preside às transformações necessárias ao progresso das nações; estimula os povos e os desperta para as verdades espirituais, para a retidão e para a solidariedade humana.

E os povos e as nações, tomados em conjunto, também estão sujeitos à lei do choque de retorno; esta lei lhes devolverá os benefícios e os malefícios que tiverem espalhados pela Terra.

O sofrimento é reflexo quando uma ou mais pessoas sofrem por verem outra sofrer. Por exemplo, todos os membros de uma família sofrem, quando um deles é atingido pelo sofrimento.

O sofrimento é moral quando o indivíduo sofre no íntimo de sua consciência. Por exemplo: o remorso, a vergonha, o sofrimento reflexo, são formas de sofrimentos morais.

E por fim, o sofrimento é material quando sofremos em nosso próprio corpo os efeitos do sofrimento.

O Sofrimento Quanto aos Efeitos

Dois são os efeitos do sofrimento sobre o espírito: o primeiro é agir como remédio, embora amargo, corrigindo as imperfeições e curando as doenças de nosso espírito. Para produzir esse efeito benéfico, o sofrimento deve ser suportado sem revolta, com paciência, coragem e resignação. Nesse caso, quando o sofrimento terminar, teremos saldado nossas dívidas do passado, curado nossas moléstias espirituais e corrigidos nossos erros.

O segundo efeito que o sofrimento pode produzir no espírito é o de agir como um agravamento de males. Isso acontece quando não suportamos nosso sofrimento com resignação, nem com paciência, nem com coragem, alimentando a revolta em nosso íntimo. Assim procedendo, voltaremos a passar pelo sofrimento até que aprendamos a ser humildes, pacientes e resignados.

Vemos então que depende de nós, exclusivamente, abreviar ou prolongar o nosso sofrimento; a paciência, a resignação e a humildade encurtam-no; a revolta, o desânimo, a impaciência agravam-no, prolongando-o mesmo por mais de uma reencarnação.

Um Processo de Reajustamento

Agora que conhecemos o porquê do sofrimento, não há mais razões para exclamarmos num gesto de revolta: "Nasci para sofrer". Não. Ninguém nasce para sofrer. Sofremos, sim, para colher o mal que semeamos. Por conseguinte, quem sofre deve exclamar: "Sofro para reajustar-me".

O sofrimento, no fundo, não é nada mais nada menos do que um processo de reajuste; sofrendo, anulamos os maus efeitos da lei do choque de retorno, uma vez que a movimentamos contra nós, pelos maus atos praticados. E se estacionarmos à margem do progresso espiritual, isto é, formos indiferentes, o sofrimento nos estimulará a caminhar, como esporas a nos encorajar para a marcha.

O sofrimento, corrigindo os erros do pretérito, prepara nossa alma para a bondade e para o sentimento da fraternidade que devemos manter para com todos. E também é a porta pela qual ingressaremos nos planos enobrecidos do Universo. Contudo, esse preparo e esse ingresso dependerão da aplicação que dermos à nossa presente reencarnação e da maneira pela qual suportarmos o sofrimento: se com resignação, o resultado será um; se com revolta, o resultado será outro. Diminuiremos ou aumentaremos o nosso sofrimento, segundo o nosso procedimento.

A Luta Contra o Sofrimento

Não é proibido lutar contra o sofrimento. E olhando para o passado, vemos a luta desmedida que o homem travou para deixar de sofrer. Dessa luta contra o sofrimento, origina-se o progresso. No terreno material, é a multiplicação das comodidades da vida e o procurar o máximo de rendimento com um mínimo de esforços. No terreno moral, é a consecução da virtude, da compreensão mútua, da fraternidade irrestrita, enfim, da extirpação da ignorância.

E quando tivermos acabado com a ignorância das coisas espirituais em que jaz a maioria da humanidade, teremos dado um passo decisivo para banirmos o sofrimento da face da Terra.

Como nos Comportar Perante o Sofrimento Alheio

Diante do sofrimento alheio, não nos arvoremos em juízes. Como espíritas, sabemos perfeitamente qual a origem do sofrimento. Entretanto, ao nos depararmos com um sofredor, procuremos balsamizar-lhe as feridas, confortá-lo, tudo fazer para amenizar-lhe o sofrimento. Jamais lhe atiremos na face o dizer-lhe que ele sofre porque merece.

Aqueles que lamentam e sofrem e clamam por socorro, não têm forças para se livrar sozinhos dos abismos do sofrimento; é nosso dever estender-lhes mão amiga e consoladora. Ainda aqui, o grande, o supremo modelo a seguir é Jesus.

Jesus sabia perfeitamente que os sofredores que o procuravam eram espíritos em resgate dos males praticados no passado; no entanto, nunca os censurou, nem os reprovou pela maldade antiga, causa de seus sofrimentos no momento. Procurava meigamente auxiliá-los, ampará-los, confortá-los, curá-los, redimi-los. E quando um sofredor queria ajoelhar-se a seus pés para agradecer-lhe a graça recebida, Jesus o advertia com estas palavras:

"Vai e não peques mais para que te não suceda coisa pior."

A Religião

Ao encontrarmo-nos no mundo, sentimos a necessidade de amparo; o futuro se nos apresenta desconhecido e por essa razão, incerto; nem tudo corre segundo nossa vontade e, por vezes, bem contra ela, fazendo com que reconheçamos nossa pequenez; ocasiões há em que a dor lancinante nos assoberba e, na Terra, não vemos poder que nos liberte dela; ante a complexidade da vida, percebemos que somos frágeis e pequeninos; daí nasce-nos a ideia religiosa.

A religião é um amparo, uma proteção, um refúgio. Ante as incertezas do futuro, ela nos demonstra que estamos amparados; reconhecendo nossa fragilidade nela encontramos proteção; e nela nos refugiamos quando o mundo se torna impotente para consolar-nos.

E qual será a base da ideia religiosa, como o homem chegou a tê-la?

Nada mais simples: pela observação. Desde tempos remotos, o homem observou que se desenrolam na face do planeta fatos sobre os quais lhe é impossível intervir; tais fatos se reportam tanto a si próprio como ao mundo exterior que o cerca; e deduziu então que há uma Vontade Soberana presidindo a tudo; e assim o homem chegou a perceber Deus.

Nas sociedades primitivas, Deus era um ser que infundia terror, manifestando-se pelos fenômenos da natureza. E para citarmos um exemplo de casa, o Tupã que nossos silvícolas supunham fazer-se sentir por meio do trovão.

Nas sociedades emergidas do estado selvagem, Deus é talhado à imagem e semelhança do homem, eivado das mesmas paixões, colérico, vingativo, parcial; dele temos exemplos próximos de nós nos inumeráveis deuses do paganismo e no Jeová dos hebreus; e em nossos dias temos a representação desse Deus, pelas seitas ditas cristãs, nesse ser que se compraz em torturar pecadores em suplícios infernais e eternos qual velho inquisidor, adorado na pompa e no luxo e na suntuosidade dos templos de pedra.

O Cristianismo puro, simples, primitivo, aquele que promana do Evangelho, já nos mostra o verdadeiro caráter de Deus: o Pai bom, o Amigo de todos os instantes, o Trabalhador infatigável que faz germinar a pequenina semente na cova escura, moverem-se as ondas do oceano e resplandecerem os sóis no firmamento. O Deus que para ser adorado prescinde de qualquer formalidade e por altar quer apenas o coração puro e humilde de seus filhos.

Nasceu assim a Religião, que é o conjunto de normas a que a humanidade deve obedecer para crescer espiritualmente, segundo a vontade soberana, paterna, criadora de Deus. Bárbaras, grosseiras e materiais em seus primórdios, essas normas que constituem a Religião, purificam-se à medida que a humanidade avança, até alcançarem a pureza, a simplicidade, a perfeição no Evangelho de Jesus.

Necessidade da Religião

A religião atua essencialmente sobre o sentimento; é para desenvolvê-lo que necessitamos da religião.

A ciência desenvolve no homem as qualidades de pesquisa, dando-lhe os meios de aplicar-se a desvendar os segredos da natureza.

A filosofia, ensinando-nos a pensar, desenvolve-nos o raciocínio, a inteligência.

Ciência e filosofia fazem com que cresçamos intelectualmente; somente a religião cultiva-nos o coração, para que nele viceje o sentimento.

Com a ciência procuramos; com a filosofia pensamos; com a religião sentimos.

E quando aprendemos a sentir, traçamo-nos regras de conduta que nos habilitam a respeitar nossos semelhantes e sermos por eles respeitados; nosso caráter se enobrece; descobrimos as leis morais que nos regem a consciência; apura-se-nos o senso da responsabilidade, indicando-nos o Dever. Essa é a obra da Religião, sem a qual a consciência humana não teria meios de se aperfeiçoar.

A Religião é, em suma, um instrumento de aprimoramento moral, um caminho que nos conduz aos braços paternais de Deus, um elo de fraternidade a ligar-nos uns aos outros.

A Religião Espírita

O Espiritismo é uma religião que vem apontar à humanidade novos caminhos em sua marcha para a Perfeição. Como suas irmãs mais velhas, traz-nos também um conjunto de revelações que contribuem para desenvolver-nos o sentimento e para nosso aprimoramento moral.

A Religião Espírita inicia um movimento espiritual que visa a:

1º – Despertar no homem a certeza da imortalidade da alma.

2º – Libertar a consciência humana.

3º – Revelar a evolução permanente a que estão submetidos todos os seres.

4º – Explicar racionalmente o Evangelho de Jesus.

Despertando a certeza da imortalidade de nossa alma, a Religião Espírita nos demonstra de onde viemos ao reencarnarmo-nos, para que fim viemos à Terra e para onde iremos após nosso desencarne.

Iniciando a libertação da consciência humana, a Religião Espírita livra-nos dos dogmas, da incerteza ante o futuro depois da morte do corpo físico, descerrando-nos os horizontes vastos do porvir, cheios de vida, de beleza e de amor. Mostra-nos a Terra como uma escola abençoada, onde através do trabalho digno, do estudo sério, de uma vida honesta, do sofrimento suportado resignadamente, conquistaremos os dotes imperecíveis da Perfeição. Ensina-nos que depois da morte, isto é, do desencarne, não devemos ficar submersos na materialidade terrena, mas devemos continuar a lutar nobremente para atingirmos zonas mais aperfeiçoadas da vida.

A Religião Espírita revela-nos que todos os seres, do mais ínfimo ao mais elevado, estão sujeitos à lei da evolução. Tudo evolve em busca de formas mais perfeitas, de vidas mais sublimes.

E por fim, a Religião Espírita nos explica racionalmente o Evangelho de Jesus, fazendo dele a lei moral que devemos observar em relação para com Deus, para com nossos semelhantes e para conosco mesmos.

A Religião Espírita não é nada mais nada menos do que a restauração na face da Terra do Cristianismo em toda sua simplicidade e pureza primitivas. Por isso seus templos são modestos, simples, singelos; não são templos de pedra a exprimirem a força da matéria triunfante; mas são locais de reuniões que convidam os homens a se libertarem, por instantes, da materialidade da vida diária e comungarem com a Espiritualidade Superior.

A Religião Espírita não tem aparatos, nem pompas, nem suntuosidades, nem dogmas de espécie alguma. Tudo o que prega e o que ensina é facilmente compreendido por qualquer inteligência, mesmo pelas pouco cultivadas, uma vez que haja boa vontade e sadio interesse em aproveitar as lições.

A Religião Espírita é constituída de duas partes que se entrosam harmoniosamente, que são: o Cristianismo, que é a doutrina de Jesus explanada em seu Evangelho; e o Espiritismo, que é a doutrina dos espíritos.

O Evangelho modela-nos o caráter; disciplinando-nos o sentimento.

O Espiritismo mostra-nos o caminho percorrido e o ainda a percorrer em nossa marcha evolutiva.

Por que o Espiritismo Prega o Evangelho

O Espiritismo prega o Evangelho porque sabe que sem ele não passaria de uma doutrina estéril; poderia responder a muitas indagações e corresponder a muitos anseios da alma humana, mas sem o Evangelho, o Espiritismo, assim como todas as outras religiões, não a fecundaria para o bem e para a moralidade.

Já afirmou Jesus em seu Evangelho: "Toda árvore que meu pai não plantou, será arrancada e jogada ao fogo". Por estas palavras ele preconiza a extinção de todas as religiões que não seguirem o roteiro luminoso do Evangelho. Assim, para que o Espiritismo se torne a árvore frondosa, a cuja sombra revigorante se abrigue a humanidade, é necessário que seus adeptos pautem seus atos, por insignificantes que sejam, pelo Evangelho. Do contrário, o Espiritismo também se tornará uma árvore seca, como tantas outras.

O Evangelho é pregado nos Centros Espíritas pelos seus oradores, que procuram torná-lo fácil de compreender pelos seus ouvintes; e é pregado no lar, onde o espírita, desejoso de progresso moral, reúne a família em torno desse livro divino por alguns minutos ao menos uma vez por semana, e estuda-lhes as lições de luz. Temos assim o culto doméstico do Evangelho.

O culto doméstico do Evangelho é constituído do seguinte modo:

Escolhem-se um dia da semana e hora em que todos os membros da família possam estar reunidos. Nesse dia e nessa hora, todos se esforçarão por estar presentes; faltar só por motivo de força maior. Reunidos que estejam, tomam do Evangelho; pronuncia-se a prece de abertura; em seguida lê-se um trecho do Evangelho; seguem-se os comentários e cada um fará ligeira análise do trecho lido, sempre procurando extrair dele ensinamentos para aplicá-los na vida diária. Pode-se também comentar os fatos do dia, estudando-os segundo o Evangelho. Encerra-se o culto do Evangelho no lar por uma prece.

Nessas reuniões, cada um dos participantes poderá colocar sobre a mesa o seu copo de água para fluir e, no fim delas, tomar a sua água fluidificada.

É importante que essas reuniões de estudo evangélico se façam rigorosamente em dias e horas determinados e que todos trabalhem por comparecer.

Com a realização metódica do culto evangélico no lar, aos poucos se forma uma corrente espiritual de espíritos evoluídos e simpáticos à família, os quais presidirão espiritualmente a reunião, auxiliando no que lhes for possível.

O valor desses estudos familiares do Evangelho é grande. O ambiente espiritual do lar melhora sensível e consideravelmente pela expulsão ou pelo encaminhamento dos espíritos imperfeitos que demoravam no lar, empestando o ambiente com suas cargas de fluidos pesados. Estabelece-se uma proteção magnética em volta do lar, garantindo-o contra os ataques malignos do invisível. Maior fraternidade reinará entre todos os componentes da família e pensamentos puros povoarão suas mentes. E finalmente uma luz espiritual de excepcional fulgor brilhará nos lares evangelizados.

Médiuns e Mediunidade

Uma das partes mais fascinantes do Espiritismo é, sem dúvida, a mediunidade. É um campo rico de problemas, onde o estudioso encontrará farto material para observações e estudos.

Não nos alongaremos na técnica da mediunidade, a qual poderá ser facilmente estudada em livros especializados. Queremos aqui simplesmente chamar a atenção para os dois pontos seguintes:

1º – A mediunidade não depende do Espiritismo.

2º – Por que o Espiritismo usa a mediunidade.

A mediunidade é um meio de comunicação; ela serve para que duas esferas, ou se quiserem, dois mundos se comuniquem entre si: o mundo ou esfera material habitado por nós e o mundo ou esfera espiritual habitado pelos espíritos.

É um erro supor que o Espiritismo inventou a mediunidade. A mediunidade sempre existiu, uma vez que sempre existiram as duas esferas.

As pessoas que usam a mediunidade chamam-se médiuns. Também os médiuns não são exclusividade do Espiritismo; deles sempre houve e se manifestam não somente no seio do Espiritismo, como também no seio de todas as outras religiões, no de todas as camadas sociais, entre ricos e entre pobres, entre crentes e descrentes, entre letrados e iletrados.

A mediunidade é uma qualidade inerente ao espírito e não há ninguém privado dela. E assim, num sentido geral, todos nós encarnados somos médiuns.

Entretanto, o grau de mediunidade varia de pessoa para pessoa: em algumas é acentuado, em outras menos, chegando a um mínimo imperceptível em grande número. Acontece que poucos sabem usar conscientemente a mediunidade; a esses poucos é que se dá, especificamente, o nome de médiuns.

Médiuns, por conseguinte, são as pessoas que se dedicam com sinceridade e carinho ao intercâmbio entre os dois mundos, transmitindo-nos com mais facilidade as instruções e as explicações provindas dos desencarnados.

Quando as pessoas que se dedicam às Belas Artes em geral, os escritores, os sábios, os religiosos, os benfeitores da humanidade, concretizam na Terra suas obras e seus ideais, recebem a inspiração necessária através da mediunidade de que são portadores. As grandes realizações humanas chegam à Terra, provindas dos planos superiores, pela mediunidade dos que estão aptos a entendê-las e a executá-las.

Sendo o Espiritismo uma religião que veio especialmente para demonstrar-nos a imortalidade da alma e a vida que passaremos a viver depois do fenômeno da morte, encontrou nos médiuns auxiliares preciosos para coadjuvá-lo nessa tarefa.

Como os escafandristas que mergulham nos mares e de lá trazem notícias da vida submarina e mesmo tesouros que o fundo do mar guarda, assim o médium penetra na esfera espiritual e de lá traz informações valiosas acerca de nossa vida futura e lições importantes para vivermos nobremente enquanto formos encarnados.

Médiuns e mediunidade não são privilégios do Espiritismo. O que acontece é que o Espiritismo sabe tirar todo o proveito possível da mediunidade, colocando-a a serviço da libertação da alma humana e descerrando-lhe horizontes espirituais ilimitados.

Resumindo: através da mediunidade estudamos o mundo espiritual; vernos o estado em que lá vivem os desencarnados; conhecemos os resultados das ações que os desencarnados praticaram na Terra; e como "homem prevenido vale por dois!" aprendemos a pautar nossa vida segundo as leis divinas consubstanciadas no Evangelho de Jesus, para evitarmos as péssimas consequências do desrespeito a essas leis.

Longe de ser combatida ou ironizada, a mediunidade precisa ser carinhosamente estudada, por constituir luminoso caminho de progresso para a humanidade.

O Pensamento

É impossível vivermos sem pensar. Quer queiramos, quer não, o pensamento brota do íntimo de nosso espírito, compelindo-nos à ação.

Tente alguém parar de pensar, por um instante apenas, não o conseguirá.

Por vezes o pensamento flui manso, suave, dócil, facilmente controlável; outras vezes, impetuoso, descontrolado, furioso.

Frequentemente estranhos pensamentos se nos apresentam a ponto de nos espantarem por sua inoportunidade; e perguntamos, desapontados, de onde teriam provindo.

Não vamos aqui definir o pensamento, nem mesmo estudá-lo fisiológica e psiquicamente. Vamos simplesmente tomá-lo como ele é e procurar os meios de bem utilizá-lo. Faremos como o agricultor que, ao defrontar-se com o regato que lhe atravessa a fazenda, não se detém à análise química da água, mas procura canalizá-lo para que todas as suas terras sejam beneficiadas.

O Desejo

No fundo de todo pensamento há um desejo; não pensamos no que não desejamos; e basta desejarmos uma coisa, qualquer que seja, para que imediatamente se gere uma série de pensamentos em torno do objeto desejado.

Desde os mais simples atos que praticamos quase que maquinalmente, até os mais complexos que exigem grande reflexão para serem executados, todos se originam de um desejo inicial; porque o desejo é o gerador do pensamento; e os pensamentos são os geradores de nossos atos.

Controle do Pensamento

Uma vez que o desejo reside invariavelmente na base de nossos pensamentos, concluímos que a melhor maneira de controlarmos nossos pensamentos é controlar nossos desejos.

Se não exercermos um controle sobre nossos desejos, acontecerá que passaremos a desejar muito, ou a desejar coisas fora de nosso alcance; daí se estabelecerá em nossa mente um emaranhado de pensamentos que nos fará sofrer, ou nos levará a praticar ações funestas, por vezes; porque se o desejo é a base de nossos pensamentos, nossos pensamentos são a base de nossos atos e de nossas manifestações.

Por conseguinte, para adquirirmos a capacidade de reger nossos pensamentos, para que eles não se tornem uma carga excessiva e dolorosa em nossa mente, precisamos, antes de tudo, governar os nossos desejos.

Análise dos Desejos

É justo que para dominarmos os nossos desejos, devemos submetê-los a uma análise rigorosa. Assim, ao desejarmos qualquer coisa, façamos a nós próprios as seguintes perguntas e, sinceros, respondamos a elas:

1º – Prejudicarei a meu semelhante com a realização deste meu desejo?

2º – Estarei prejudicando o meu progresso espiritual com este meu desejo?

3º – Estará este meu desejo de conformidade com a lei: "Não fazer aos outros o que não desejo para mim"?

Feita, pois, a análise dos desejos, estaremos em condições de guiar nossos pensamentos, uma vez que tenhamos a coragem de abandonar os desejos insensatos.

Lembremo-nos, contudo, de vivermos uma vida simples. Uma vida simples tem necessidades simples. Necessidades simples promovem desejos simples. Desejos simples fazem nascer pensamentos simples. E pensamentos simples geram atos simples e dignos.

Sobretudo que nossos desejos sejam irrepreensíveis. Se cultivarmos desejos irrepreensíveis, nossos pensamentos serão irrepreensíveis e, como consequência, viveremos irrepreensivelmente.

Classificação dos Pensamentos

Podemos classificar os pensamentos da generalidade dos encarnados em três grupos:

1º – Pensamentos glorificados.

2º – Pensamentos raciocinados.

3º – Pensamentos inferiores.

Pensamentos glorificados são todos aqueles que se formam em nossa mente, mediante desejos nobres, tais como: amor puro, paz, alegria, otimismo, fraternos, de perdão, de compreensão, de tolerância, de sacrifícios, de renúncia, de altruísmo e todos os demais pensamentos que estiverem de acordo com as leis divinas, consubstanciadas no Evangelho de Jesus.

Os pensamentos glorificados se originam do sentimento de fraternidade irrestrita, causa primária de todos os que acabamos de enumerar.

Os pensamentos glorificados geram as ações e os trabalhos nobres que beneficiam a família, a pátria e a humanidade; e constituem uma fortaleza moral que nos guarda contra as investidas do mal.

Pensamentos raciocinados são aqueles que emitimos pelo desejo de bem cumprirmos nossas obrigações diárias. Podemos tomar como pensamentos raciocinados todos aqueles que nos compelem a tratar da parte material de nossa existência na Terra, a saber: pensamento de trabalho, de conforto, de progresso material, de ganhos e os demais que se relacionem com a parte material de nossa vida, sempre que baseados na honestidade.

Pensamentos inferiores são aqueles que nascem em nossa mente, oriundos das paixões e vícios que alimentamos; eis alguns deles: pensamentos de ódio, de inveja, de ironia, de raiva, de ira, de escárnio, de ambição; pensamentos lúbricos, cobiçosos, orgulhosos, maldosos, criminosos, antifraternos, intolerantes e tantos outros a demonstrar a inferioridade de nossos sentimentos.

Remédio para Melhorar os Pensamentos

Normalmente nossos pensamentos deveriam ser elevados, isto é, glorificados ou raciocinados; pensamentos inferiores nunca deveriam abrigar-se em nosso cérebro.

Contudo, não somente em nosso cérebro formam-se pensamentos; recebemos também pensamentos emitidos de outros cérebros: são as chamadas vibrações mentais. Nossa mente está aberta a todas as vibrações mentais, que cruzam incessantemente o espaço, provindas de todas as direções e dos mais variados núcleos vibratórios.

Ora, somente as pessoas muito espiritualizadas conseguem manter-se em alto padrão vibratório; na grande maioria há queda de vibrações. E sempre que houver queda de vibrações, passamos a receber as baixas vibrações emanadas de núcleos inferiores; daí o formarem-se, por vezes, em nosso cérebro, desejos e pensamentos mesquinhos, que não condizem com nossa educação.

É fora de dúvidas que se as má vibrações nos atingem é porque encontram receptividade de nossa parte; dessa razão decorre a necessidade imperiosa de melhorarmo-nos intimamente, para que passemos a receber unicamente as boas vibrações. No entanto, se acontecer captarmos as vibrações de ordem inferior, é nosso dever resistir, jamais cedendo a elas.

E por que não podemos manter-nos sempre em nível de vibrações elevadas? Por que há queda de vibrações?

As dificuldades, os fatos inesperados que nos sucedem, os negócios, enfim, as variadas circunstâncias da vida, são fatores que contribuem para que haja queda de nossas vibrações mentais.

As dificuldades atrapalham o pensamento, constituindo pesada carga para aqueles que desejam seguir o caminho espiritual. É, pois, de sumo interesse que procuremos viver uma vida sem dificuldades, embora simples e modesta, o que facilitará o desenvolvimento de nossa parte espiritual. Com dificuldades no lar ou na vida, ser-nos-á difícil a consagração às coisas espirituais.

É ponto importante para nós pormos em ordem a parte material de nossa existência, para que nossa mente possa dedicar-se livremente ao progresso espiritual. Estando garantidas as coisas materiais, ainda que modestamente, por um viver bem organizado, não haverá grandes interferências delas em nossos pensamentos, dado a paz íntima que um viver bem organizado proporciona.

É bom notar que não estamos aqui a dizer que se tornem ricos os que quiserem aplicar-se às coisas espirituais; não é isso; o que aconselhamos é que organizem suas vidas, mesmo em bases pobres e modestas, de modo a terem tranquilidade para o cultivo das coisas espirituais.

Organizada que esteja a parte material do nosso viver, para que ela interfira o menos possível em nossas vibrações mentais, vejamos quais os remédios a tomar para que fiquemos curados de pensamentos inferiores.

O primeiro deles é cultivarmos o amor a Deus e o devotamento ao nosso próximo, do que decorrem todos os outros, a saber: sejamos bondosos para com todos; trabalhemos incansavelmente no bem; sejamos otimistas ativos; cumpramos irrepreensivelmente nossos deveres; sejamos sinceros para com todos; tenhamos boa vontade; esqueçamos integral e imediatamente as ofensas que recebermos; semeemos a fraternidade.

Evitemos por todos os modos a ociosidade; essa é a grande produtora de pensamentos inferiores a traduzirem-se por atos detestáveis.

Não nos esqueçamos do estudo e do trabalho, os quais enobrecem nossos pensamentos.

O desempenho de nossas obrigações diárias com alegria e entusiasmo imuniza-nos contra as vibrações inferiores.

Preenchamos nossas horas de lazer com divertimentos honestos e com boas leituras. Um bom livro, a boa música, a conversação sadia, o cultivo das artes quando possível, tudo são meios de glorificar os pensamentos, garantindo-nos uma existência enobrecida.

E enquanto nosso cérebro e nosso corpo estiverem ocupados nobremente, não seremos assaltados por pensamentos sombrios, viciosos e maldosos.

Pensamento e Consciência

Nossos pensamentos determinam o estado de nossa consciência: pensamentos inferiores conspurcam nossa consciência e geram, ao se apresentar a oportunidade, ações vis, das quais nascerão, cedo ou tarde, o remorso, a mortificação, o arrependimento. Ficamos então com a consciência perturbada e a paz e a serenidade íntimas desaparecerão; sentimo-nos réus diante de nossa própria consciência.

Para retificar a consciência perturbada só há um caminho: corrigir as más ações praticadas. E para isso, o primeiro cuidado é modificar a qualidade dos pensamentos. Todos os pensamentos inferiores deverão ser substituídos por pensamentos raciocinados e glorificados. Uma vez corrigidos os pensamentos, sentimo-nos fortificados e preparados para corrigir as ações mal feitas; nossa consciência se apazigua, e a paz e a tranquilidade voltarão a reinar em nosso íntimo.

Uma consciência nobre depende de pensamentos retos, os quais impelem à execução de ações dignas. Quem possui uma consciência enobrecida, vive em permanente conforto moral. Esta consciência é conseguida através de pensamentos e atos raciocinados e glorificados.

A Consciência

Sem entrarmos em digressões filosóficas ou morais, definimos a consciência como sendo esse sentimento íntimo que nos compele à ação.

A toda ação segue-se uma reação; desse modo, todas as nossas ações reagem sobre nossa consciência, determinando-lhe o estado moral e, consequentemente, o nosso estado mental.

Há duas espécies de consciência: a consciência educada moralmente e a consciência adormecida moralmente.

A consciência educada moralmente pertence à pessoa que, ao praticar uma ação, compreende pela reação que ela lhe produz intimamente, se a ação foi boa ou má; rejubila-se se foi boa; sente-se deprimida se foi má. É o que chamamos a voz da consciência, que aprova ou desaprova os nossos atos.

Assim, as consciências educadas já estão fortificadas no reto caminho do bem; quando erram, percebem o erro e trabalham por corrigi-lo sem demora.

Um bonito exemplo de uma consciência educada, temo-lo no Evangelho, na passagem em que Pedro nega a Jesus: "Logo que errou, Pedro percebeu o erro. Sua consciência educada nos princípios evangélicos imediatamente o adverte. E Pedro se arrepende e chora, mas levanta-se decidido a corrigir o erro, lutando pela causa de Jesus". (Ver *O Evangelho dos Humildes*, do mesmo autor.)

Uma consciência adormecida é aquela que ainda não se libertou dos instintos primários do mal.

Há duas espécies de consciências adormecidas:

1º – As que lesam seus semelhantes, alheias ao mal que estão praticando

2º – As que sabem que estão agindo mal, porém, indiferentes, persistem

Tais consciências não escaparão, contudo, à lei do choque de retorno; porque é da lei que recebamos sempre de conformidade com o que dermos; que colhamos de acordo com o que plantarmos. E ao impacto da lei do choque de retorno, as primeiras entrarão no caminho da educação moral e as segundas sairão da indiferença.

O nosso auxílio às consciências adormecidas e a nossa boa vontade para com elas, não lhes deve nunca faltar; são doentes que precisam ser curados. Há aqueles que aspiram reabilitar-se, mas, fracos, não se animam. Há outros que querem reabilitar-se, mas não encontram ambientes favoráveis.

Tanto num como noutro caso, a questão se resume em procurarmos criar ambientes e circunstâncias propícias à regeneração e à reabilitação dessas consciências. Isso constitui uma obra social de grande envergadura que muito honrará os desejosos de se contarem no número dos discípulos de Jesus.

A Prisão Mental

É preciso que resguardemos nossa mente das ideias fixas, opressivas, aviltantes; o máximo de cuidado se nos impõe contra elas; constituem verdadeiros cárceres mentais e conquanto o indivíduo tenha seu corpo físico em liberdade, seu espírito jaz prisioneiro dessas ideias. Levadas ao extremo, transformam-se em pensamentos desvairados e torturados que desequilibram a mente, produzindo, por vezes, a loucura.

Ideias fixas formam-se de um amontoado de pensamentos inferiores e desordenados, tendentes a um único fim. Tudo quanto o indivíduo faz, pensa, ouve ou vê outros fazerem, encaminha para a ideia fixa que o obsessiona. Das ideias fixas originam-se os crimes e as desmedidas ambições que, frequentemente, levam a pessoa à ruína.

Ideias opressivas são constituídas por pensamentos pessimistas, angustiosos, de desânimo, de desalento, enfim, de medo ante a vida. Se não forem atalhadas a tempo, as ideias opressivas desorganizam os centros nervosos, gerando consequências imprevisíveis.

Ideias aviltantes são compostas de pensamentos inferiores que conduzem o indivíduo à prática de vícios.

É imprescindível lutarmos contra as ideias fixas, as opressivas e as aviltantes que nos encarceram a mente. Para isso devemos praticar a higiene mental que consiste em livrarmos nosso cérebro de todos os pensamentos impuros e malignos que nele se quiserem acolher ou formar.

As Faixas Mentais

O pensamento é uma vibração mental. Essas vibrações mentais são irradiadas de nossa mente; se pudéssemos vê-las, nós a veríamos em forma de estranhos filamentos que se entrelaçam, sem se confundirem uns com os outros; são possuídos de um movimento vibratório natural, sem uniformidade em suas particularidades; e suas cores variam do escuro ao claro mais brilhante. (*Ver Cartas de uma Morta,* F. C. Xavier, 2ª edição, págs. 98 e 99.)

Assim, pois, o pensamento é luz. E como a luz toma a cor do vidro que a filtra, também nossos pensamentos tomam a cor dos nossos desejos e das ações que os determinam.

A gama das cores do pensamento é grande, indo desde a luz mais intensa até o preto, negação da luz. Entretanto, para facilitar nosso estudo, analisaremos as principais, das quais se derivam combinações e matizes.

1º – LUZ: Para termos uma ideia, embora pálida, do que seja a luz emitida pelos espíritos santificados, temos de recorrer ao exemplo do Evangelho, na "A Transfiguração": "E seis dias depois toma Jesus consigo a Pedro e a Tiago e a João, seu irmão, e os leva à parte, a um alto monte. E transfigurou-se diante deles. E seu rosto ficou refulgente como o sol, e as suas vestiduras se fizeram brancas como a neve" (Mateus, 17: 1 e 2).

É este um fenômeno de luz, provocado por pensamentos glorificados. Nesta faixa de luz só podem vibrar continuamente espíritos perfeitos como Jesus.

2º – PRATEADA: A luz prateada, resplandecente, é a cor dos pensamentos sábios, de renúncia em favor da humanidade; é emitida pelos espíritos encarnados e desencarnados que trabalham desinteressadamente para beneficiá-la. É a luz da sabedoria, isto é, do alto saber aliado ao profundo sentimento.

3º – BRANCO: É a cor da pureza. Pensamentos puros originam a luz branca das vibrações mentais.

4º – AZUL: A faixa azul é a faixa cultural da humanidade, quando a cultura é aplicada na elevação moral dos povos. Nesta faixa vibram os espíritos encarnados e os desencarnados que se dedicam à Arte, em suas expressões mais puras: a Pintura, a Escultura, a Arquitetura, a Gravura ou Desenho, a Música, o Canto, a Dança, a Poesia, a Eloquência, a Prosa.

5º – ROSA: É a cor do Amor e da Virtude. É a luz que tomam as vibrações mentais do amor, mas do amor sem laivos de paixões; e a virtude modesta e humilde.

6º – LILÁS: Quando, com sinceridade, elevamo-nos em adoração à Divindade e dedicamo-nos à Religião e cultuamos o Pai celeste, nossos pensamentos apresentam a cor lilás; porque o lilás é a cor que identifica as vibrações mentais de adoração, religião e culto.

7º – CINZA-CLARO: Caridade. Os pensamentos de caridade tomam a cor cinza-claro. Isto porque muito raramente praticamos a caridade espontaneamente; praticamo-la, frequentemente, impelidos pelas circunstâncias. Todavia, quando um nosso gesto de caridade é um movimento partido do fundo de nosso coração, baseado no mais puro desinteresse e amor, então nossas vibrações mentais são de luz fulgurante. Entretanto, mesmo em seu cinza-claro nossos atos e pensamentos caridosos acarretam muito mérito para nós.

8º – CINZA-ESCURO: É a cor das vibrações concernentes ao devotamento e ao ideal. É cinza-escuro porque quando nós nos devotamos a uma causa ou alimentamos um ideal, geralmente os misturamos com nossos interesses. Daí o não serem esplendorosas nossas vibrações mentais de devotamento e de ideal; porém, não deixam de trazer grande merecimento para nós.

9º – VERDE-CLARO: A cor que indica a transição entre a materialidade e a espiritualidade de nossos pensamentos é o verde-claro. Vibram na faixa verde-claro, irradiando comumente luz dessa cor, os seguintes:

a) as pessoas que sofrem, ao sincera e resignadamente elevarem suas orações ao Altíssimo;
b) todas as pessoas que se dedicam às ciências e às artes, quando nobremente inspiradas, porque é a cor da inspiração superior;
c) os que sabem renunciar em benefício de seus semelhantes.

10º – MARROM: As vibrações mentais de cor marrom originam-se da parte material de nossa existência; são os pensamentos materiais comuns da humanidade.

Uma vez que a cor marrom define a parte material de nossa vida, parte necessária para vivermos normalmente na Terra, é conveniente que repartamos as vinte e quatro horas de nosso dia, de modo tal que possamos vibrar também em outras faixas luminosas superiores. Assim, oito horas dedicadas honestamente às coisas materiais, são suficientes para mantermos o equilíbrio material de nossa vida. Das dezesseis horas restantes, tiremos alguns momentos para habilitarmo-nos aos poucos a vibrar em outras faixas, trilhando o caminho da elevação.

Por conseguinte, quando nós nos dedicamos ao estudo e à prática do Evangelho, sintonizamo-nos com a faixa de luz. Entregando-nos ao desenvolvimento de nossa inteligência e de nosso coração, ligamo-nos à faixa prateada. Ao cultivarmos rigorosa higiene mental, irradiaremos pensamentos brancos, isto é, de pureza. O cultivo da Arte em suas expressões elevadas nos faz ter irradiações azulinas. Se abrigarmos em nossos corações sentimentos de puro amor com nossos semelhantes e nossos atos forem modelados pela virtude, vibrações rosadas partirão de nossas mentes. Como sabemos, a virtude é o conjunto das boas qualidades morais. Quando nós nos elevamos em preces ao Criador, quando sinceramente nos dedicamos à religião, quando cultuamos a Divindade, nossos pensamentos adquirem a cor lilás. Ao irmos caridosamente levar o conforto de uma visita a uma pessoa carente, ou perfazermos qualquer ato de caridade, são vibrações de um cinza-claro que partem de nosso cérebro. E quando o ideal ou o devotamento por uma causa justa nos empolgam o ser, vibramos na faixa cinza-escura.

Jamais nos situemos somente na faixa marrom, denunciadora da materialidade em que vivemos; porém cumpridos os nossos deveres materiais, esforcemo-nos por respirar espiritualmente em faixas mais altas.

11º – PRETO: O preto é a negação da luz. Quando o ódio, o rancor, o ciúme, a inveja, a cólera, o vício, o crime, a desonestidade etc. nos dominam, apagam-se as luzes de nossos pensamentos e vibrações negras envolvem nossa mente. É perigosíssimo vibrar nessa faixa, porque ela guarda as sementes de sofrimentos futuros.

As cores descritas não são todas as que podemos irradiar; a sua gama é quase que infinita, porque se combinam entre si, caracterizando e individualizando cada um de nossos pensamentos.

Conquanto irradiemos as mais diversas cores, de conformidade com os pensamentos que emitirmos na ocasião, o nosso perispírito toma comumente a cor de nossos pensamentos e preocupações predominantes. Se um espírito, encarnado ou desencarnado, dedicar-se intensivamente ao cultivo da verdade, seu perispírito apresentará a tonalidade cor-de-rosa; se preocupar-se com a cultura superior, a cor de seu perispírito será azulada, e assim por diante.

Quanto aos que se dedicam unicamente às coisas materiais, o perispírito deles é a cor marrom, de um marrom tanto mais desagradável, quanto mais chafurdarem na matéria. E finalmente nossos infelizes irmãos atacados da doença dos crimes, dos vícios e dos maus pensamentos apresentam perispíritos negros, opacos e privados de luminosidade.

Inferimos daí que é fácil aos médiuns classificarem os espíritos que se aproximam deles, pelo gênero de luz que irradiarem. Se as irradiações são luminosas, embora não consigam distinguir-lhes a cor, são espíritos que pairam acima das paixões terrenas; se forem marrons, são espíritos agarrados às coisas da Terra; e se forem opacas, são espíritos ignorantes.

Falamos, linhas acima, de faixas mentais. Estas faixas se constituem pela reunião de todos os pensamentos afins; são inúmeras, quase que infinitas, a cruzar o espaço sem se confundir. Porém, para facilidade de compreensão, reuniremos todas em quatro grupos apenas: a faixa esplendorosa, ou de pensamentos glorificados; a faixa luminosa, ou de pensamentos raciocinados; a faixa escura, formada por pensamentos exclusivamente materiais; e a faixa de trevas, composta de pensamentos fixos, opressivos, aviltantes e criminosos. Essas faixas se subdividem em inúmeras outras, de acordo com as vibrações mentais da humanidade encarnada e da desencarnada.

Cada um de nós ocupa uma dessas faixas; pela análise de nossos pensamentos mais íntimos, perceberemos facilmente em que faixa mental estamos situados, bem como a cor que assinala nosso perispírito.

Afinidade Mental

A lei da afinidade determina que os iguais se atraiam e se procurem; e que os contrários se repilam e se evitem. Por conseguinte, podemos formular a seguinte lei de afinidade mental: os pensamentos iguais se atraem; os pensamentos contrários se repelem.

Quando emitimos pensamentos glorificados, sintonizamo-nos com a faixa esplendorosa.

Quando emitimos pensamentos raciocinados, sintonizamo-nos com a faixa luminosa.

Quando emitimos pensamentos materiais, sintonizamo-nos com a faixa escura.

Quando emitimos pensamentos fixos, opressivos, aviltantes, criminosos, sintonizamo-nos com a faixa de trevas.

Agora então sabemos que se emitirmos um pensamento glorificado, atrairemos para nós um pensamento glorificado correspondente, o qual fortificará o nosso próprio pensamento e influirá decisivamente na execução de nossos atos. O mesmo acontecerá quanto aos pensamentos raciocinados, inferiores ou aviltantes que emitirmos: receberemos em troca pensamentos similares, que virão em reforço do estado mental em que nós nos encontramos, com repercussão direta em nossas ações.

E isto por quê?

Porque nossas vibrações mentais se dirigem para a faixa mental que lhe é afim, onde transitam pensamentos iguais aos nossos e emitidos por encarnados e desencarnados. Ficamos como que ligados a essa faixa; e dela carregamos para nosso íntimo os pensamentos que a compõem.

Pensamento e Saúde

Ora, as faixas luminosas são habitadas por espíritos desencarnados saudáveis; e as faixas escuras, por espíritos doentios. Pois bem, quando nós nos sintonizamos com as regiões da luz através de nossos pensamentos enobrecidos, de lá partem fluidos puros e luminosos que envolvem e penetram nosso corpo, contribuindo para que tenhamos uma boa saúde. E quando, pelos pensamentos envilecidos, ligamo-nos às regiões sombrias, recebemos cargas de fluidos maléficos que acabam por arruinar nossa saúde. Tudo se passa como se uma onda luminosa nos banhasse, no primeiro caso; e um balde de matéria negra e viscosa fosse atirado sobre nós, no segundo.

Daí deduzimos então que pensamentos corretos são iguais à felicidade; e pensamentos deformados são iguais a infortúnios. Eis, que é sempre vantajoso emitirmos pensamentos corretos, não só quanto a nossa parte moral, mas também quanto à física.

Posição do Espírito Depois de Desencarnado

Os pensamentos que habitualmente mantemos enquanto encarnados determinarão nossa posição no mundo espiritual, depois que desencarnarmos.

As faixas mentais são também regiões do mundo espiritual. Assim, as faixas de pensamentos glorificados e raciocinados formam as zonas luminosas, onde gravitam as esferas espirituais felizes. As faixas de pensamentos inferiores constituem regiões sombrias e trevosas, nas quais falta a luz e sobra o sofrimento.

Se durante nosso tempo de encarnados, estivermos constantemente sintonizados com as faixas luminosas, ao desencarnarmos ascenderemos às esferas de luz e de felicidade.

Ao contrário, se durante nossa permanência no corpo físico, ligarmo-nos às esferas escuras, ao desencarnarmos seremos envolvidos por trevas e sofrimentos.

E os atos? poderá o leitor perguntar-nos.

Não falamos aqui de atos, senão de pensamentos, porque o pensamento esteve presente na base de todos os nossos atos. E se o indivíduo esteve em permanente sintonização mental com as faixas luminosas, forçosamente seus atos foram ou raciocinados ou glorificados. E se manteve assíduo contato mental com as faixas escuras, logicamente seus atos não o recomendarão muito. Porque é impossível pensar-se no bem e praticar o mal e vice-versa. Nossa vida na Terra molda-se de conformidade com nossos pensamentos, os quais, por sua vez, plasmam-se segundo nossos desejos, consubstanciando-se, por fim, em atos.

O espírito desencarnado precisa controlar muito bem os seus pensamentos; porque no mundo espiritual, não havendo a barreira da matéria como aqui na Terra, é o pensamento que impulsiona o espírito. Assim sendo, é muito importante que nós nos habituemos desde já a mantermos um bom controle de pensamentos, para que não sejamos uns torturados mentais ao deixarmos o corpo físico. E não só por isso, como também para prepararmos nosso futuro; porque se levarmos conosco uma bagagem dessa natureza, isto é, de pensamentos descontrolados, dificilmente a modificaremos para melhor; e quando reencarnarmo-nos, voltaremos com as mesmas tendências péssimas e dificuldades agravadas, uma vez que nada do passado foi corrigido, trilhando nossa vida mental os mesmos desvios antigos.

Resumindo, diremos que durante nossa permanência na Terra, estamos simplesmente sintonizados com as faixas mentais. Porém, quando desencarnarmos, passaremos a viver na zona correspondente à faixa mental com a qual estávamos sintonizados. E se nós nos dirigirmos para as zonas escuras ou de trevas, teremos de sofrer longo, doloroso e laborioso período de reajustamento mental, antes que possamos divisar a luz.

Nosso Pensamento e o dos Outros

Não são somente os nossos próprios pensamentos que nos elevarão às regiões luminosas, ou que nos arrojarão nas trevas. Os pensamentos que os outros nutrem para conosco influem decisivamente sobre nós. Se outras pessoas sintonizarem-se com as faixas luminosas, emitindo pensamentos corretos a nosso favor, fluidos saudáveis descerão sobre a pessoa emissora de pensamentos bondosos e também sobre nós que contribuímos para a emissão desses pensamentos.

Porém, se alguém sintonizar-se com as regiões trevosas, alimentando pensamentos deformados ou malévolas contra nós, fluidos negros envolverão essa pessoa e virão também tocar-nos por termos dado causa à emissão de pensamentos inferiores.

É importante notar que nossos pensamentos geram nossos atos e que nossos atos geram pensamentos nos outros.

Quando praticamos uma ação generosa, formam-se pensamentos favoráveis a nós na mente de nossos beneficiados. Esses pensamentos favoráveis nos banham como ondas de luz, libertam-nos das zonas inferiores e nos ajudam a sintonizar com as faixas elevadas, promovendo assim nosso equilíbrio mental.

O mal gera sempre pensamentos desarmoniosos ou desfavoráveis na mente dos que lhe sentiram os efeitos. Esses pensamentos desfavoráveis envolvem os que praticam o mal, acorrentando-os às zonas de trevas e pondo-os em constante sintonia com as faixas inferiores. Transformam-se então num cárcere do qual, para se libertarem depois de desencarnados, terão de despender esforços penosos, os espíritos que se seduziram pelo mal.

É pois de toda conveniência que nós nos esforcemos para fazer brotar na mente de todos com os quais convivemos, ou tratamos, pensamentos sempre favoráveis a nós.

Isto só o conseguiremos praticando atos que gerem simpatia, reconhecimento, boa vontade, benevolência, enfim, bons sentimentos para conosco.

Estejamos sobretudo preparados para emitir bons pensamentos, quaisquer que sejam as circunstâncias e quaisquer que sejam as boas ações que outros cometerem contra nós; perdoemos sempre, porque o perdão é uma vibração luminosíssima que se dirige para os cimos celestes e desfaz montanhas de trevas e de incompreensão. E essa luminosidade nos protegerá sempre contra as investidas de vibrações menos dignas.

Faixas Mentais e Mediunidade

Vejamos um outro papel que desempenham as faixas mentais.

Cada médium, cada assistente, cada componente enfim de uma sessão espírita vibra dentro de sua faixa mental; e isso acontece não só com os encarnados, como também com os espíritos desencarnados presentes. Mas para que os trabalhos sejam bem-sucedidos, é preciso que todos vibrem na mesma faixa mental; disso decorre a necessidade absoluta da concentração.

Concentrar-se significa, na linguagem espírita, estar com o pensamento inteiramente voltado para o Alto, banindo do cérebro qualquer preocupação terrena. Assim ao se concentrarem, uns consagram sua mente a Deus, alguns a Jesus e outros aos ensinamentos evangélicos. Estabelece-se então uma homogeneidade de pensamentos, formando a corrente magnética, sustentadora da faixa mental única.

Entretanto, quando não se consegue uma faixa mental homogênea, por causa da variedade das vibrações mentais dos componentes da reunião, o trabalho a ser executado pelos espíritos desencarnados encarregados dele torna-se assaz difícil, por lhe faltar um ponto de apoio equilibrado. É por esse motivo que se recomenda aos médiuns serem assíduos; havendo assiduidade por parte de todos aos trabalhos espirituais, equilibra-se a faixa mental, gerando-se uma corrente magnética segura, que facilita muito o intercâmbio entre os dois planos.

Um espírito ao comunicar-se passa a vibrar na mesma faixa do médium de que se serve. Ora, é comum um assistente formular uma pergunta ou um pedido mental ao espírito manifestante e não obter resposta. Surgem daí dúvidas quanto à veracidade das comunicações. "Por que, diz o assistente, o espírito não apanhou o pensamento que lhe dirigi, já que os espíritos podem ler os nossos pensamentos?" E muitas vezes o pobre do médium é brindado com uma série de adjetivos menos dignos.

A explicação para tal fato é simples: se o espírito comunicante não captou o pensamento que lhe foi dirigido, é porque a pessoa que lhe endereçou a pergunta ou o pedido mental, não estava vibrando na mesma faixa em que o médium se colocara e na qual também se tinha colocado o espírito que se comunicava.

Eis porque é imprescindível que haja boa concentração durante os trabalhos. Favorecidos por uma faixa mental perfeita, os espíritos luminosos movimentam valiosos recursos em benefício da humanidade encarnada e da desencarnada que ainda gravita nos planos da Terra.

Exercícios Mentais

É conhecida a passagem evangélica em que Jesus nos diz: "Onde está teu tesouro, aí estará também o teu coração". Com isto, ele nos quer dizer que nossos pensamentos voltam-se sempre para onde temos nossos interesses, ou gravitam em torno dos sentimentos ou paixões que abrigamos em nosso íntimo.

Não é fácil para quem se habituou a emitir pensamentos inferiores continuamente, mudar sua tonalidade mental; isso, logicamente, requer esforço, boa vontade, exercícios.

Para que possamos mudar a tonalidade de nossos pensamentos, passando da inferior para a superior, recomendamos a prática dos seguintes exercícios: análise de pensamentos, substituição de pensamentos, vigilância sobre os pensamentos e procurar o lado bom de todas as coisas.

Análise de pensamentos

A análise de pensamentos é o exercício que nos levará a pôr de lado uma série enorme de pensamentos inúteis. A análise dos pensamentos está intimamente ligada à análise dos desejos, já descrita em páginas atrás. Para fazê-la, anotaremos num papel todos os pensamentos que nos ocorrerem durante o dia; à noite, antes de adormecermos, analisaremos nossos apontamentos, um por um. Depois de algum tempo saberemos qual a nossa tonalidade mental; se superior e luminosa, se inferior e sombria.

Substituição de pensamentos

Sabida nossa tendência mental, passaremos ao exercício de substituir os pensamentos inferiores, por seus equivalentes na faixa superior: aos pensamentos de ódio, contrapores os pensamentos de amor; os de antipatia serão substituídos pelos de simpatia; os sensuais, pelos puros; os de cobiça, de ambição, serão trocados pelos pensamentos de moderação, e assim por diante. A cada pensamento inferior que registrarmos no papel, corresponderemos com outro escrito adiante e de natureza elevada. Com o hábito desse exercício, tão logo nos sobrevenha um pensamento inferior, mudá-lo-emos por um superior, até que essa sintonia mental se processe habitual e automaticamente com as faixas elevadas.

Duas virtudes que auxiliam extraordinariamente a mudança para melhor da tonalidade de nossos pensamentos são a tolerância e a humildade. Quando bem exercidas, essas duas virtudes não só tornam luminescentes as nossas vibrações mentais, como também reduzem ao mínimo, chegando mesmo em alguns casos a neutralizar os choques de retorno a que estivermos sujeitos.

Vigilância

Um bom exercício mental é exercermos extrema vigilância sobre nossos pensamentos. Um pensamento puxa outro e se não vigiarmos, descambaremos para a ladeira dos pensamentos inferiores.

Não devemos deixar que pensamentos de má qualidade se apoderem de nossa mente; tão logo lá se apresente um, deverá ser repelido sem demora.

Usando de uma comparação: ao percebermos que nossa estação mental está sintonizada com faixas inferiores, viremos a chave em procura de faixas melhores.

Procurar o lado bom das coisas

Se trabalharmos sempre por distinguir o lado bom de todas as coisas, das pessoas e dos acontecimentos, nossa atividade mental melhorará muito.

Há indivíduos incapazes de um gesto de otimismo para com tudo; infelizes, vivem emaranhados em pensamentos pessimistas.

Tudo neste mundo tem o seu lado bom e basta uma análise sincera para que o percebamos. E uma vez descoberta a parte boa, por pequena que seja, é fixarmos nela nossos pensamentos que daí por diante se desenrolarão luminosos.

Um dos grandes geradores de pensamentos é o livro. A boa leitura exerce extraordinário poder sobre nosso mundo mental; mas é preciso escolher o bom livro.

Outro auxiliar precioso para melhorar o teor de nossos pensamentos é a oração. Sempre que pensamentos inferiores ameaçarem arrastar-nos e sentirmo-nos impotentes para contê-los, recorramos à oração.

E assim com nossa mente ligada aos planos nobres do Universo, nossa vida transcorrerá tranquila, luminosa, feliz.

O Espiritismo e a Alimentação

A alimentação

Se estudarmos o quadro da alimentação atual da humanidade, veremos que ela é de três tipos:

1º — a onívora, em que o indivíduo come de tudo;

2º — a vegetariana, em que se come de tudo, excluindo tão somente carne;

3º — a vegana, em que são usados alimentos de origem vegetal apenas.

A alimentação onívora é a que conta com a maioria absoluta de adeptos, seguindo-se em pequena porcentagem a vegetariana; e ainda em muito menor escala, a vegana.

Não vamos aqui estudar ou discutir as vantagens ou desvantagens de um determinado tipo de alimentação, o que foge à nossa competência.

Nosso escopo é puramente examinar se, diante dos conhecimentos espirituais que já possuímos, podemos ou não sacrificar os animais para comer-lhes a carne.

Os Animais

Os animais não são simples máquinas; neles distinguimos os mesmos três elementos que compõe o homem, a saber:

1º — o espírito;

2º — o perispírito;

3º — o corpo de carne.

O espírito dos animais é imortal e sujeito às leis da evolução, como o do homem.

O espírito dos animais evolve do instinto para a inteligência, isto é, para a racionalidade. Nos animais superiores já notamos uma inteligência embrionária; nos animais inferiores existe somente o instinto.

O perispírito dos animais é denso, escuro, nada apresentando de espiritual. À medida que o espírito do animal evolve, seu perispírito vai sendo manipulado por espíritos elevados, encarregados desse setor da evolução planetária, adaptando-se assim às formas mais perfeitas da vida.

E por fim o animal tem um corpo de carne, constituído pelos mesmos elementos materiais do corpo humano, diferindo simplesmente na forma.

Podemos, pois, sem exageros e sem receio de errar, chamar os animais de nossos irmãos inferiores, assim como somos irmãos inferiores dos espíritos que já alcançaram a angelitude. Porque o caminho que o espírito percorre na marcha evolutiva é esse: do infusório ao animal, do animal ao homem e do homem ao anjo.

A Reencarnação dos Animais

Tanto quanto podemos observá-los, os animais se encontram nos primeiros degraus de sua evolução espiritual; cumpre-lhes subir a escada infinita do progresso; e eles a sobem por meio da reencarnação, que lhes transformará o instinto em inteligência; e quando a inteligência começa a despontar em seus rudes espíritos, renascerão em corpos de forma humana.

A passagem do espírito de animal para o humano não se dá aqui na Terra; existem para isso mundos primitivos, em início de evolução, para onde são transferidos os espíritos que já se aperfeiçoaram no reino animal; terão aí suas primeiras experiências em organismos grosseiros ainda, mas já de forma humana. A Terra, que já foi um mundo primitivo, guarda o vestígio de raças sub-humanas que a habitaram em seus primórdios.

É bom notar que os espíritos dos animais não podem reencarnar-se em corpos humanos, sem antes sofrerem as transformações necessárias, que a evolução lhes impõe; e a Terra já não oferece mais condições apropriadas para a transição de espíritos de corpos de animais para corpos humanos; do mesmo modo, um espírito humano jamais voltará a reencarnar-se em corpos de animais; uma vez atingido o grau de humano, o espírito nunca mais regredirá.

O Espírito dos Animais no Mundo Espiritual

Há no mundo espiritual lugares próprios para os espíritos desencarnados dos animais. Tão logo um animal desencarna, é tangido para o lugar onde deve permanecer, até que possa ser utilizado para nova reencarnação.

Todavia, os animais não ficam abandonados no mundo espiritual; estão sob a guarda de entidades espirituais que se encarregam de zelar por eles, fazendo-os evoluir e ministrando-lhes os cuidados de que necessitam.

Conquanto alguns médiuns videntes tenham visto espíritos de animais, contudo eles não podem comunicar-se com os homens. O perispírito dos animais não tem afinidade com o perispírito humano, o que torna impossível a comunicação.

Comportamento do Homem para com os Animais

A rigor, o homem é senhor dos animais da Terra; entretanto, essa sua autoridade não deveria ir até o abuso de destruí-los impiedosamente.

O homem só tem o direito de destruir os animais, quando estes ameaçam sua segurança; pode porém, explorá-los legitimamente, convertendo-os em auxiliares preciosos nos trabalhos rudes e beneficiar-se de seus produtos; o que o homem não mais deveria fazer é atentar-lhes contra a vida.

Fazendo dos animais seus cooperadores nos trabalhos que podem desempenhar, o homem apressa a evolução deles, permitindo que o instinto se transmute em inteligência. Por conseguinte, se o homem soubesse utilizar-se dos animais dentro do princípio da fraternidade, seria o diretor espiritual do reino animal.

Para os animais úteis, inclusive as aves, o homem deveria criar condições de vida tais que lhes facilitassem evoluir a seu lado; forneceriam ao homem o seu trabalho normal e os produtos que lhes são próprios, sem que o homem tivesse necessidade de sacrificá-los para sua alimentação. Quanto aos animais perigosos e daninhos, o homem os destruiria uma vez que ameaçassem sua segurança; e a própria natureza se incumbe de extingui-los à medida que a civilização lhes modifica o habitat.

A Carne dos Animais

Escreveu certa vez um espírito esclarecido: "O lombo de porco ou o bife de vitela, temperados com sal e pimenta, não nos situam muito longe de nossos antepassados, os tamoios e os caiapós, que se devoravam uns aos outros". (*Irmãos X – Treino para a morte*, F. C. Xavier.)

Assim é na realidade, pelo menos quanto aos animais de sangue quente, isto é, os mamíferos, inclusive as aves.

Quem já teve a oportunidade de assistir ao abate de animais para a alimentação humana, pode observar a angústia de que são tomados no momento da morte. Essa angústia se lhes grava no perispírito e do perispírito é impressa na carne, em forma de fluidos negros e pesados. Ao ingerir a carne, o homem ingere também uma dose desses fluidos viscosos produzidos pelo sofrimento, os quais vão localizar-se no perispírito humano. Daí se origina uma série de perturbações orgânicas, de todos os graus, cuja causa a ciência ainda não soube explicar. Além disso, esses fluidos negros e animalizados tornam o perispírito humano mais denso, por se terem agarrado a ele; e dificultam a vida espiritual, porque depois de desencarnar, o espírito humano tem de sofrer longo processo reparatório para se livrar deles.

Por isso ensina-nos o espírito que se assina Irmão X, em sua magnífica mensagem *Treino para a Morte*, dada pelo médium F. C. Xavier: "Comece a renovação de seus costumes pelo prato de cada dia. Diminua gradativamente a volúpia de comer carne dos animais. O cemitério na barriga é um tormento, depois da grande transição".

A Alimentação Humana

Possuidores que já somos de bom cabedal de conhecimentos espirituais, devemos suprimir de nossa alimentação a carne dos animais; conservaremos apenas os seus produtos, os ovos, o leite e seus derivados; evitaremos assim a ingestão de fortes doses de fluidos venenosos, de que é portadora a carne dos animais.

Concluímos então que a alimentação que nos serve, presentemente, é a vegetariana, em que comeremos de tudo, suprimindo somente a carne. À nossa alimentação poderemos juntar os produtos das águas, peixes, mariscos, etc., os quais, por terem o espírito em estado ainda embrionários, vizinhos próximos da vida vegetativa, não oferecem os perigos que a carne dos animais superiores oferece, quanto à parte fluídica.

Espiritismo e Sexualidade

Função divina do sexo

Ao estudarmos o fenômeno de nossa reencarnação, suas causas e seus efeitos, é que ficamos compreendendo a função divina que o sexo desempenha em nossa evolução.

Realmente, a reencarnação só se torna possível mediante o uso dos órgãos sexuais, os quais nos fornecem um corpo denso, de carne, com o qual resgataremos o passado delituoso e elevamo-nos a esferas mais altas da espiritualidade. Se tivermos o cuidado de a encararmos somente através desse prisma, veremos que a união sexual tem como objetivo sagrado o trabalho criador.

Com base nas nobres funções do sexo, constituem-se as famílias, as cidades, as nações, permitindo que os espíritos que povoam o espaço, voltem à Terra para cumprirem suas tarefas. Por aí vemos o quanto é importante que desempenhemos nossas funções sexuais nas bases do bem e da ordem, jamais nos desviando para os vícios e para os desregramentos.

O Altar Doméstico

É no lar legitimamente constituído pelo casamento, que dignificamos nossas funções sexuais; desempenhando-as, o homem e a mulher alcançam o sublime estado de serem pai e mãe; é a paternidade e a maternidade gloriosas.

Lembrando-se o homem que seu primeiro berço e também o primeiro berço de seus filhos foram os órgãos geradores da mulher, verá ele o quanto de respeito lhe deve merecer a função sexual, porque foi através dela que ele penetrou na vida e cercou-se de seus entes queridos.

Não só a paternidade e a maternidade são gloriosas, como também representam encargos sublimes, por permitirem ao homem e à mulher terrenos cooperarem diretamente com o Altíssimo na manutenção da vida na face da Terra.

Entretanto, manter a chama sagrada do amor e do respeito a brilhar perenemente no altar doméstico não é coisa fácil; dificilmente se encontram reunidos pelos sacrossantos laços domésticos, almas da mesma esfera; daí nascem as lutas íntimas e morais que, por vezes, ameaçam a estabilidade do lar e frequentemente o transformam em círculos infernais.

Quando o casal não mantém hábitos respeitáveis, ou quando não há paz doméstica e perfeito entendimento, entre os cônjuges, instalam-se conflitos vibratórios que dificultam sobremaneira a reencarnação dos espíritos chamados a povoarem aquele lar; porque os constantes desentendimentos entre os esposos geram ondas magnéticas destrutivas que não só afetam o corpo que se forma, como causam sérias perturbações no espírito cuja reencarnação se está processando. Para evitarem-se desastres de consequências imprevisíveis, o homem e a mulher, unidos pelo matrimônio, deverão recordar-se constantemente que o lar é um templo em cujo altar é necessário que se sacrifiquem reciprocamente.

Nossa Dívida para com o Sexo

Em nossa ignorância temos menosprezado as faculdades criadoras do sexo, desviando-as para as viciações. Com raras exceções, os atos sexuais têm sido fontes de abuso e não veneráveis como deveriam ser.

Durante nossas incontáveis reencarnações, temos vivido em constante desequilíbrio sexual, donde se originaram conflitos e paixões que se projetaram nas reencarnações sucessivas. Muitos desajustes e muitos sofrimentos de hoje têm como causa principal o abuso do sexo nas reencarnações passadas.

Todas as vezes em que usamos o sexo fora do sagrado instituto da família, ligamo-nos a entidades estranhas ao nosso círculo evolutivo. Quando o homem ou a mulher se esquecem de seus compromissos matrimoniais e buscam alhures as emoções do sexo, ligam-se a seus parceiros de aventuras; ao desencarnarem, sentem-se atraídos uns aos outros e só então vêm o desequilíbrio em que se precipitaram; e lutam por reequilibrarem-se, o que só lhes será possível através de reencarnações retificadoras.

Por um sem número de comunicações de espíritos desencarnados, cujas experiências sexuais nem sempre foram dignas, o Espiritismo nos demonstra a responsabilidade que pesa nos ombros do homem e nos da mulher, no tocante às relações sexuais; qualquer desvio produz consequências funestas. Não se brinca impunemente com os órgãos geradores da vida; o mau uso deles nos arroja em perturbações de cura difícil e, frequentemente, demorada.

O quererem o homem e a mulher gozar clandestinamente das emoções do sexo, origina conflitos e tragédias conjugais. Esses conflitos e essas tragédias, com o desencarne de seus protagonistas, transferem-se para o mundo espiritual, onde fecham num círculo de sofrimentos aqueles que as viveram na Terra. Por isso, infelizes daqueles que se não esforçam a tempo no combate às baixas paixões sexuais; a troco do prazer de alguns momentos recebem séculos de dores.

Eis que aos pais se lhes afigura uma elevada obrigação: a de esclarecerem seus filhos sobre as questões sexuais, tão logo chegue a idade propícia. É preciso que os que se iniciam na vida, estejam de olhos abertos para com as coisas nobres atinentes ao sexo, a fim de não resvalarem pela ladeira escorregadia do abuso e da imoralidade. Os pais que não souberem bem orientar seus filhos nos problemas fundamentais do sexo tornam-se, perante as leis divinas, corresponsáveis com eles pelos desregramentos que cometerem.

Matrimônio e Sexo

É portas adentro de um lar legalmente constituído que o homem e a mulher podem, legitimamente, desempenhar as funções sexuais. No recesso sagrado do lar, os atos sexuais são naturais e chegam a ser santificados sempre que permitirem a formação de novos corpos, para a reencarnação de espíritos necessitados dela.

A infidelidade conjugal, tanto por parte do homem como da mulher, é uma falta grave, de penosas consequências espirituais. Durante o tempo de encarnados, o homem e a mulher adúlteros conseguem esconder suas ligações ilícitas; são os homens e as mulheres de duas vidas: uma respeitável perante a família; e outra secreta que vive longe dos olhos de todos, pelo menos de seus familiares. Contudo, do Altíssimo não se pode esconder nada; o desencarne chega inexorável, compelindo o espírito à mudança para o mundo espiritual; e lá então os espíritos adúlteros se reúnem distanciados de seus entes queridos e começam os difíceis trabalhos de reabilitação. Mais tarde, ou por méritos próprios ou por intercessão de amigos espirituais influentes, ou compulsoriamente, conseguem a bênção de uma nova reencarnação, e os espíritos que juntos adulteraram no passado novamente se encontram na Terra para correção do erro.

Reencarnam-se compulsoriamente, conforme explicamos páginas atrás, os espíritos que, diante da realidade dos graves compromissos assumidos, amedrontam-se; e tudo fazem para protelar o reajuste a que são compelidos pelos deslizes cometidos. Então uma vontade superior limita-lhes o livre-arbítrio, levando-os ao trabalho redentor. Tudo se passa como quando uma criança não quer tomar o remédio salutar por meio de agrados; então os pais recorrem à energia.

E por isso que os cônjuges precisam resistir a todas as tentações que o sexo lhes apresentar fora do recinto do lar; sempre que traírem seus compromissos matrimoniais de absoluta fidelidade um ao outro, sintonizam-se com as regiões tenebrosas, de onde nada de bom podem esperar, além de contraírem dívidas de custoso resgate no futuro.

No tocante à fidelidade conjugal, o homem não goza de nenhum privilégio em relação à mulher. Diante do Altíssimo não há privilegiados. Tanto o homem como a mulher infiel serão chamados às contas, diante das leis divinas.

A infidelidade conjugal assume caráter gravíssimo, quando é levada a ponto de destruir um lar. Um lar tem raízes profundas no mundo espiritual e abrange os interesses de uma porção de espíritos ligados a ele, quer encarnados, quer desencarnados.

Para cada determinado grupo de espíritos, cada lar é um ponto de apoio em vista das tarefas de reabilitação e de elevação a planos mais altos do Universo. Antes de se formar um lar terreno, traçam-se planos no mundo espiritual e depois, paulatinamente, esses planos concretizam-se na Terra, constituindo-se então o lar. Por aí vemos as pesadas responsabilidades que recaem nos ombros de ambos os cônjuges e as consequências imprevisíveis que acarreta para si, quem atenta contra a integridade de um lar. Por conseguinte, não procurem jamais os cônjuges satisfações sexuais clandestinas, nem ninguém, homem ou mulher, ataque um lar, desencaminhando um dos cônjuges. Quando os infelizes que assim procederem encontrarem-se na realidade do mundo espiritual, chorarão lágrimas amargas ante o caminho doloroso que se lhes desdobra à frente para a reabilitação.

A Família Perante as Leis Humanas

Através dos tempos, mesmo entre as tribos primitivas, deparam-se-nos leis de proteção à família; e quanto mais avançamos no caminho da civilização, mais apuram-se essas leis.

As leis humanas de amparo à família são necessárias, porque no coração humano ainda há muito egoísmo. O encarnado facilmente se esquece dos compromissos que assumiu nos planos espirituais para com a família, pela qual lhe cumpre zelar na Terra; e procura quase sempre furtar-se a seus deveres familiares.

Os espíritos encarnados, com raras e nobres exceções, ainda não sabem respeitar a integridade moral de seus semelhantes; um egoísmo feroz os fará desprezar as leis mais elementares da fraternidade; e quando no ambiente familiar se torna imprescindível o sacrifício, a renúncia, a luta enobrecedora ainda que áspera, a tendência geral é desertar. E assim os legisladores se viram na contingência de elaborarem leis que protegessem cada um dos cônjuges em particular e os filhos e os órfãos e tudo quanto se relacione à estabilidade da família.

À medida, porém, que se processa a espiritualização da humanidade, essas leis também irão evoluindo, até acabarem por se alicerçarem unicamente no Evangelho de Jesus.

A Prostituição

Um dos aspectos mais vis que assumem as funções sexuais é a prostituição; nesse aviltamento, o homem é partícipe por fazer da mulher um instrumento de sensações grosseiras. As consequências espirituais que daí decorrem são complexas e dolorosas, porque:

A prostituição abre à mulher a porta de todos os vícios.

A mulher que se prostitui furta-se aos sagrados deveres da família, protelando para um futuro longínquo o seu progresso e, por vezes, o do grupo de espíritos que dependia do seu bom comportamento para as lutas evolutivas.

A mulher que se prostitui passa a viver uma vida ilusória, adquirindo sofrimentos talvez para muitas reencarnações futuras, em virtude da dificuldade de seu reerguimento moral. Situa-se ela numa faixa vibratória muito inferior, sintonizando-se com a região das trevas e ligando-se a espíritos de baixa condição moral.

Como vemos, o estado espiritual da mulher que se prostitui é dos mais lamentáveis; e ingentes serão suas lutas nas reencarnações vindouras para reabilitar-se: deverá trabalhar por limpar seu perispírito das manchas que os vícios gravaram nele; precisará esforçar-se para reintegrar-se em seu grupo espiritual evolutivo; e, finalmente, travará lutas acerbas para libertar-se de seus companheiros do círculo tenebroso.

Contudo, repetimos mais uma vez, diante do Altíssimo não há privilegiados. E assim, em relação às leis divinas, o homem que busca satisfações sexuais fora do matrimônio legítimo, torna-se também um prostituto, sujeito às mesmas penas espirituais que a mulher.

É preciso notar que se existe a mancha da prostituição na sociedade humana, é porque o homem a alimenta. Se o homem soubesse ver na mulher a irmã que lhe merece respeito, e à qual deve nobre cooperação nas tarefas da evolução, desapareceria da face da Terra o triste espetáculo do meretrício, que não é mais do que a depravação do sexo, tanto por parte do homem como pela da mulher.

Quando uma mulher cai de seu pedestal moral e rola para o envilecimento sexual, é porque um homem compeliu-a à queda, ou pelo menos secundou-a. Não se iludam, porém, os homens com a falsa liberdade sexual de que usufruem; por certo, a mulher que caiu se reerguerá no longo curso do tempo, através das reencarnações purificadoras; mas é certo também que os homens, que se aproveitaram dela, serão compelidos pelas leis divinas a ajudá-la a subir a escada do reajuste moral.

A felicidade de metade da humanidade repousa nas mãos da outra metade; isto é, a felicidade do homem está nas mãos da mulher e a da mulher está nas mãos do homem; aprenda o homem a ver na mulher a irmã bem amada, a companheira de suas lutas redentoras; e saiba a mulher ver no homem o irmão dedicado, o guardião imaculado do seu lar, sob cujo amparo fraterno alcançará as regiões da luz; e novas claridades iluminarão os lares, harmonias ainda desconhecidas na Terra embalarão os corações; e as manchas da prostituição e as do adultério serão alijadas do seio da comunidade; e o homem e a mulher usarão o sexo para as altas finalidades da vida, e não mais farão dele, pelo abuso, o caminho para as desilusões e para tormentos futuros.

O Sexo e o Pensamento

Disciplinarmos os nossos instintos é um de nossos mais árduos trabalhos; não somos mais animais a caminhar pela vida ao sabor dos instintos ou das paixões inferiores; já conquistamos a inteligência, já sabemos pensar.

Pelo pensamento disciplinaremos e governaremos nossos impulsos sexuais. Se deixarmos nossos pensamentos vagarem às soltas pelo campo das sensações sexuais desordenadas, seremos incendiados de desejos e daí aos erros e ao desregramento sexuais o passo é curto. Por vezes, a satisfação de um desejo sexual, de efêmera duração, porém contrariando as leis divinas, arroja o espírito a séculos de sofrimentos, oriundos da falta cometida ao obedecer mais ao instinto do que à razão.

O homem e a mulher deverão casar-se puros; para isso o melhor meio é a aplicação de rigorosa higiene mental; enquanto solteiros não darem abrigo em seus cérebros a pensamentos sexuais; evitarem tudo quanto possa despertar-lhes os desejos sexuais, os quais só poderão ser satisfeitos legitimamente dentro da santidade do matrimônio.

Nosso perispírito guarda a impressão de todos os nossos desregramentos sexuais do passado, os quais voltam à nossa mente em forma de reminiscências, gerando pensamentos e desejos; urge estabelecermos um cordão de isolamento para que essas impressões se atenuem e acabem por desaparecer de nosso perispìrito; se não reagirmos em tempo, possivelmente seremos levados a repetir os mesmos erros e abusos de nosso passado de ignorância.

Nossas glândulas sexuais não intensificam apenas nossas atividades fisiológicas; elas atuam sobre nossas atividades mentais. Assim sendo, os solteiros poderão conservar-se castos até a época do casamento pela aplicação da higiene mental, cultivando o espírito pelo estudo e pela leitura sã, entregando-se, enfim, a tarefas que lhes ocupe nobremente o tempo, o espírito e o corpo. O mal é a ociosidade; quando estamos ocupados com coisas úteis a nós ou a nosso próximo, não temos tempo nem oportunidade de pensar em coisas menos dignas ou de procurá-las.

Do mesmo modo, os celibatários, aqueles homens ou mulheres que não alcançaram o pouso do casamento, poderão transmutar a energia sexual criadora de que são dotados, em serviços altruísticos a seus semelhantes infelizes.

Por conseguinte, pelo pensamento educado exerceremos controle sobre nossa vida sexual, mantendo-a dentro dos elevados limites fixados pela Providência, limites esses que não ultrapassaremos impunemente.

PARTE III

A Oratória

"Ide por todo o mundo, pregai o Evangelho a todas as criaturas. Ensinando-as a observar todas as coisas que vos tenho mandado; e estai certos de que estou convosco todos os dias, até a consumação dos séculos."

JESUS

Definição. A oratória, agente de evolução. A oratória e o Espiritismo. Os frequentadores de um Centro Espírita. Por que o Espiritismo precisa da oratória.

A oratória é a arte de bem falar em público

Na evolução da humanidade, nenhuma outra arte desempenha papel mais importante e mais cheio de magníficas realizações do que a oratória. É ela que espalha por entre as multidões os generosos pensamentos dos trabalhadores do espírito. O pensador concretiza no livro o resultado de seus esforços, de suas elucubrações e de suas vigílias; o orador apodera-se daquelas lições e com elas agita o mundo. Não é difícil seguirmos o curso da evolução humana através da palavra dos oradores; porque os oradores são os líderes dos povos; são clarividentes que percebem o melhor caminho e por ele empurram as coletividades. Em todos os departamentos das atividades humanas, deparamos com a ação fecunda dos oradores guiando, esclarecendo, instruindo, plantando, enfim, nas mentes e nos corações de seus ouvintes, as sementes sagradas das quais germinarão modalidades de um viver mais nobre.

Para a disseminação de uma doutrina, para o triunfo de um ideal, ainda é à oratória que devemos recorrer, principalmente agora que os meios de comunicação de massa lhe abriram um campo imenso. Um auditório moderno não é mais composto de cem ou de duzentos ouvintes; milhões deles podem ser alcançados ao mesmo tempo, graças às maravilhas da tecnologia moderna.

O Espiritismo não podia deixar de usar a oratória para a propagação de seus ensinamentos. Os Centros Espíritas são ótimas tribunas de onde o verbo fluente dos oradores pode fazer grandes semeaduras e conseguir fartas colheitas.

Os frequentadores de um Centro Espírita dividem-se em duas classes: a classe dos que leem e a classe dos que não leem. A classe dos que leem não necessita dos oradores: essa classe lê e por meio da palavra impressa aprende e se desenvolve moral, espiritual e intelectualmente: A classe dos que não leem é a classe que interessa ao orador espírita. Nessa classe estão compreendidos os que não leem por inércia intelectual e os que não leem por não saberem ler.

Os inertes intelectuais e os analfabetos, de que maneira ficariam conhecendo o Espiritismo senão pela palavra que sai da boca do orador e lhes penetra pelos ouvidos?

A Eloquência

Definição. Objetivo do orador. O orador eloquente. Cérebro e coração. Como se adquire a eloquência. Naturalidade. Entusiasmo. Fé. Conhecimento. Sinceridade. Amor. Coragem.

A eloquência é a arte de convencer

O objetivo do orador é fazer com que seus ouvintes se convençam de que o que estão ouvindo é verdade. E como é verdade o que o orador está dizendo, deverão aceitar suas palavras, praticar seus ensinamentos e seguir o caminho que lhes é apontado. O orador que consegue esse resultado é um orador eloquente.

O orador eloquente usa mais o coração do que o cérebro; porque é com os bons sentimentos que lhe enchem o coração que o orador eloquente compõe suas preleções. Ser eloquente é falar tirando do coração aquilo que de bom existe nele. O orador que usa apenas o cérebro poderá falar muito bem; pronunciará magníficas preleções, mas não será eloquente; encantará como um artista da palavra, mas não convencerá como um apóstolo.

A eloquência se adquire pelo cultivo das seguintes virtudes: Naturalidade, Entusiasmo, Fé, Conhecimento, Sinceridade, Amor e Coragem.

Naturalidade: De modo simples falou Jesus; de modo simples devem falar seus discípulos. Nada de palavras bombásticas, termos difíceis, expressões rebuscadas. O mais ignorante ouvinte e o mais letrado precisam entender o que o orador diz. Obteremos esse efeito se falarmos de um modo natural; por conseguinte, pronunciaremos nossas preleções usando da mesma naturalidade que empregamos quando conversamos com nossos amigos e lhes expomos nossas ideias.

Entusiasmo: É o entusiasmo que dá vida às palavras do orador. Uma preleção pronunciada friamente, sem animação, sem vivacidade, não convence ninguém. O orador entusiasta fala animada e fervorosamente; suas frases são vigorosas, ardentes, afirmativas. Mas cuidado: falar entusiasticamente é apenas traduzir em termos claros e precisos todos os bons pensamentos que o orador guarda em seu íntimo. Cada um de nós, se falarmos daquilo a que nos dedicamos, encontrará facilmente o entusiasmo comunicativo que é um dos mais belos predicados do orador eloquente.

Fé: Poderemos falar com entusiasmo e naturalidade se não tivermos fé naquilo que estamos pregando aos outros? Evidentemente, não. Eis, pois, outro belíssimo predicado do orador eloquente: a Fé. O orador cheio de fé é aquele que acredita firmemente no que prega e tem certeza absoluta de que está ensinando a Verdade a seus ouvintes. E, como fala com o coração transbordante da fé luminosa e pura, sabe ser natural e sabe ser entusiasta.

Conhecimento: Não podemos falar com segurança daquilo que não conhecemos. Nunca poderemos ensinar o que não sabemos. É, por conseguinte, imprescindível que o orador eloquente possua conhecimentos profundos da matéria sobre a qual discorre. Conhecimentos se adquirem através do estudo e da observação. O estudo do Evangelho e dos livros básicos do Espiritismo e a observação da vida em seus múltiplos aspectos, desde as câmaras de sofrimentos até as expressões mais elevadas, fornecem-nos o material que constituirá o nosso Conhecimento. Quem quiser preparar-se para o sublime ministério da palavra não deverá ater-se somente à leitura no aconchego de seu canto de estudos. É preciso mais do que isso. É preciso lutar com os que lutam; trabalhar com os que trabalham; estar sempre pronto a ouvir; e de tudo tirar ensinamentos para transmiti-los a seus ouvintes. Eloquência é sentimento. Quem não sentiu a vida ainda não tem o Conhecimento indispensável para apontar a seus irmãos o Caminho, a Verdade e a Vida.

Sinceridade: Na boca de quem não é sincero não pode haver eloquência. Um dos atributos do orador eloquente é a sinceridade. O orador eloquente vive exatamente de acordo com aquilo que prega; pauta seus atos rigorosamente de conformidade com os ensinamentos que ministra a seus irmãos; é, enfim, um exemplo vivo a testemunhar com o comportamento aquilo que diz com a boca. E como entre seus atos e suas palavras há perfeita harmonia, quando se levanta para falar é respeitado pelo auditório; e fala cheio de confiança porque a sinceridade lhe assegura que ninguém poderá qualificá-lo de hipócrita.

Amor: Quem ama a seus irmãos sempre tem palavras que os induzam a viver nobre e dignamente em conformidade com os mandamentos do Senhor. Amor é dedicação. Poderá alguém ser eloquente se não se dedicar de corpo e alma ao esclarecimento de seus irmãos mais atrasados? O amor que um orador espírita nutre pelos seus semelhantes transforma as mais modestas lições em fachos de luz a clarear-lhes o caminho da Vida Eterna.

Coragem: A coragem é virtude primordial de um orador espírita que aspira à eloquência. O orador corajoso despreza os preconceitos; fala impulsionado pela Verdade; não teme o auditório, qualquer que seja; ergue intrepidamente a voz para iluminar os ouvintes, por mais adversas que sejam as circunstâncias.

Acabamos de estudar os atributos de um orador eloquente. Como acabamos de ver, a eloquência está ao alcance de todos nós. Esforcemo-nos um pouco e seremos naturais no falar, entusiastas de nossa doutrina; a fé se irradiará de nosso coração, o conhecimento racionalizará a nossa fé, a sinceridade comunicará firmeza às nossas preleções, eflúvios de amor envolverão nossos ouvintes e a coragem nos sustentará nas lutas.

A Preleção

Definição. Os objetivos da preleção espírita. O Evangelho e o Espiritismo. Qualidades da preleção. Como preparar uma preleção espírita. Tema e discussão. Tamanho da preleção. Quanto tempo se gasta para pronunciar a preleção. Não decorar e não ler a preleção. Como estudar a preleção. Como pronunciar a preleção.

A preleção é uma peça oratória que o orador pronuncia para instrução de seus ouvintes.

Os objetivos da preleção espírita são dois: ensinar o Evangelho e instruir sobre o Espiritismo. O Evangelho e o Espiritismo são os dois eixos em torno dos quais giram as palavras do orador espírita.

Conquanto uma preleção, como o nome o indica, seja uma lição que o orador ministra a seus ouvintes, deve ela revestir-se das qualidades que a Eloquência lhe empresta para que possa convencê-los, edificá-los e instruí-los.

Já aprendemos como ser eloquentes. Aprendamos agora a preparar uma preleção.

A preleção espírita compõe-se de duas partes essenciais: o tema e a discussão do tema. O tema é fornecido pelo Evangelho e a discussão do tema é fornecida pelo Espiritismo. O tema será um dos preceitos, uma das parábolas ou uma das passagens do Evangelho; a discussão será o comentário que se fará, visando explicar o tema à luz do Espiritismo.

Tomemos papel e lápis e preparemo-nos para escrever; porque, em primeiro lugar, a preleção precisa ser escrita. Um orador é antes de tudo um escritor. Suponhamos que queremos falar sobre o perdão. Abramos o Evangelho e escolhamos por tema o versículo 37, capítulo 6, de Lucas. Isto feito, procuremos material para a discussão, que poderá ser tirado do capítulo X de O *Evangelho Segundo o Espiritismo*, e de O *Consolador*, de Emmanuel, parágrafos 332 e seguintes. E assim alinharemos provas, trechos, parágrafos e fatos com os quais discutiremos o tema e provaremos a verdade do princípio emitido nele e as vantagens de se viver de acordo com ele.

Depois de reunido o material, comporemos a preleção. Compor a preleção é simplesmente pôr em ordem os apontamentos feitos de maneira a formarem um conjunto harmonioso, ao qual o orador imprimirá o seu cunho pessoal.

Eis que surgem novas questões: qual o tamanho da preleção? Durante quanto tempo falaremos?

A preleção não deverá ser longa; será simples, concisa e conterá apenas as palavras necessárias para enunciar o tema e discuti-lo claramente. Ao compor a preleção, nossos principais esforços visarão abolir as palavras inúteis, as frases sem significação, ainda que bonitas, as divagações extensas que fazem os ouvintes esquecerem-se do tema e o orador perder-se num emaranhado de pensamentos do qual é difícil sair. Se não perdermos de vista o tema sobre o qual discorremos, e o desejo de brilhar pelo fraseado não se apoderar de nós, facilmente comporemos uma preleção curta, elegante e instrutiva.

É verdade que a preleção deve ser curta, mas não tanto que proíba o orador de discutir plenamente o tema. Somos da opinião de que qualquer tema poderá ser muito bem versado por um orador inteligente dentro de um prazo que não canse demasiadamente os ouvintes.

Devemos ler a preleção ou pronunciá-la de cor? É outra pergunta à qual vamos responder.

A preleção não deverá ser lida diante do auditório, nem pronunciada de cor. Ler a preleção é tirar-lhe a vida, o entusiasmo. A leitura dela causa aos ouvintes a impressão de que o orador está lendo alguma peça na qual não colaborou; enfim, a personalidade do orador parece estranha à preleção lida. Decorar a preleção é fazê-la perder a espontaneidade. O esforço de memória que o orador despende para lembrar-se da preleção decorada obriga-o a pronunciá-la quase que automaticamente, como se fosse em um disco riscado. E há ainda outro grave inconveniente em decorar uma preleção: a falha da memória. É muito comum a memória falhar quando mais precisamos dela.

Uma preleção não deve ser decorada, nem lida. Uma preleção deve ser estudada. Aquilo que estudamos e que sabemos, fácil e naturalmente será relembrado por nós no instante em que estivermos falando.

Depois de escrita a preleção e corrigida e passada a limpo, nós a leremos em voz alta oito ou dez vezes, como se a estivéssemos pronunciando diante do auditório. Isto feito, guardaremos e passaremos à segunda parte do exercício; fingiremos que estamos falando aos nossos ouvintes; abriremos o Evangelho e leremos o tema e iniciaremos a discussão, como se nada tivéssemos escrito sobre ele, aproveitando apenas as ideias que se apresentarem ao nosso cérebro. Repetiremos este exercício tantas vezes quantas forem necessárias para falarmos com o máximo desembaraço sobre o tema escolhido. O resultado é maravilhoso e surpreendente: não conseguiremos repetir palavra por palavra a preleção escrita, a qual serviu apenas para concatenar nossas ideias e dar-lhes forma; sem que o queiramos, e mesmo sem que o notemos, em cada um dos exercícios pronunciados a preleção será diferente, embora não nos afastemos das diretrizes traçadas na preleção escrita. E a preleção ganhará naturalidade, força, clareza e eloquência. E quando subirmos à tribuna e dirigirmos a palavra aos ouvintes, será ainda uma preleção inteiramente nova que pronunciaremos; mas falaremos espontânea e desembaraçadamente; a nossa memória não nos trairá porque diremos o que estudamos e o que realmente sabemos.

O Orador

Definição. A formação do orador. Estudo, trabalho, meditação e prática. O medo de falar em público. Vencer o medo. As primeiras pregações. O auditório. Os gestos. A pessoa do orador.

Orador é a pessoa que usa a palavra publicamente para espalhar ensinamentos ou arregimentar adeptos em torno de uma doutrina.

Um orador se forma pelo estudo, pelo trabalho, pela meditação e pela prática.

O estudo fornece ao orador os conhecimentos indispensáveis para ensinar seus ouvintes.

Trabalho é ação. Um orador não pode ficar inativo; deverá promover reuniões, sessões de propaganda, palestras, conferências, visando despertar o máximo interesse pelo ideal que prega; no nosso caso, pelo Espiritismo.

A meditação é o dever que tem o orador de ponderar muito bem sobre suas palavras para que elas não firam os princípios cristãos de amor a Deus e ao próximo. E para que não seja vão o seu pregar, isto é, muito falar e pouco ensinar.

De nada valem teorias se não forem seguidas de muito perto pela prática. A prática é a grande mestra. Quanto mais o orador pregar, tanto mais senhor da arte oratória se tornará. O hábito de falar em público desperta no orador qualidades que não suspeitava possuir; desamarra-lhe a língua a ponto de conseguir sublimes efeitos oratórios.

O orador principiante defronta-se com um inimigo terrível: o medo. O medo de falar de pé diante de um auditório levou ao fracasso inúmeras vozes que poderiam ter sido ardorosas propagadoras da Verdade. Custe o que custar, é preciso vencer o medo. Quando chega a hora de se ouvir o orador, ele se torna a principal figura da reunião; todos os olhares convergem para ele; é muito justo e natural que se aposse dele um certo receio; não importa; é levantar-se resolutamente, um sorriso nos lábios, tomar o lugar designado, ler o tema e falar.

Durante os primeiros tempos é comum o orador atrapalhar-se, gaguejar, esquecer as principais partes da preleção ou quase toda ela, tremer, corar, suar. Tudo isso faz parte das primeiras pregações. É não desanimar. É continuar firme e corajosamente. Aos poucos, sem que o orador perceba, o medo desaparecerá, os defeitos do falar se corrigem, a voz adquirirá firmeza e tonalidade, os pensamentos afluirão naturalmente.

Recomendamos que as primeiras pregações sejam curtas e feitas sobre um tema simples e de fácil discussão. Não faz mal e é até recomendável que o orador principiante fale apenas cinco ou dez minutos; à medida que for aprendendo a dominar-se irá aumentando o tempo até o normal. Não tentemos altos voos oratórios no início de nosso aprendizado; comecemos modestamente e iremos longe.

O que menos deve preocupar o orador é o auditório; seja ele composto de cinco pessoas, de mil ou mais, o trabalho é sempre o mesmo. Quando estiver pronunciando a preleção, tenha o orador o cuidado de se dirigir a todo o auditório. Nunca fixar o olhar num único ponto ou somente em um ouvinte. O olhar do orador deve passear pelo recinto, isto é, ora se voltará para um lado, ora para outro.

Os gestos serão os naturais. Quando estamos conversando com nossos amigos, movemos as mãos naturalmente, sem que percebamos; pois bem, diante de nosso auditório, deixemos que as mãos se movam com a mesma naturalidade. Nada de gestos estudados, atitudes artificiais, desejo de parecer mais do que se é; sejamos simplesmente aquilo que realmente somos.

O orador precisa cuidar de sua pessoa. Ao levantar-se para falar, que cause uma impressão agradável aos ouvintes. O orador que se apresenta modestamente, porém bem cuidado, conquista imediatamente a simpatia do auditório, o que já lhe garante metade do êxito.

Como Estudar

O estudo. Matérias a estudar. Método. Divisão do tempo de estudo. A leitura. A imaginação. Educação da voz. A biblioteca. A gramática. As lições da gramática. O dicionário. O estudo do Evangelho. O estudo do Espiritismo.

O estudo fornece ao orador os elementos necessários para a execução de sua tarefa. Sem estudo não há saber e sem saber ninguém pode ensinar; portanto, é imprescindível que um orador estude assiduamente.

Os oradores estudam principalmente duas matérias: a língua em que se exprimem, por ser ela o veículo de seus pensamentos; e a doutrina que professam e pregam. Os oradores espíritas estudarão três matérias: o idioma, que no nosso caso é o português, o Evangelho e o Espiritismo.

Todo trabalho para ser produtivo precisa obedecer a um método, isto é, a uma ordem preestabelecida. O estudo, que é um trabalho essencialmente intelectual, deverá ser realizado metodicamente. Dividamos inteligentemente nosso tempo. Tenhamos horas para o trabalho, para os divertimentos, para o descanso e para o estudo. Tracemos um programa para nossas atividades e sigamo-lo religiosamente. Qualquer um de nós poderá dedicar facilmente algumas horas por semana ao estudo, as quais serão escolhidas por cada um de acordo com suas possibilidades e sem prejuízo de suas obrigações.

O estudo da língua portuguesa é feito através da leitura constante dos bons escritores, pelo estudo da gramática e pelo uso do dicionário. Das horas consagradas ao estudo da língua, dedicaremos uma parte à leitura e outra parte à gramática.

Para compor a preleção, isto é, para arrumar harmoniosamente os dados colhidos sobre o tema, precisamos de um pouco de imaginação. É a leitura que desenvolverá a nossa imaginação e nos dará as figuras de linguagem, o torneio elegante das frases, as palavras apropriadas e, sobretudo, nos ensinará a exprimirmo-nos claramente. Leremos algumas páginas em voz alta, dando à nossa voz a entonação reclamada pelo trecho escolhido. Esse é um ótimo exercício para a educação da voz.

Formaremos uma pequenina biblioteca de bons livros. Não recomendamos particularmente nenhum livro; cada um de nós tem suas preferências e gostos pessoais; uma biblioteca é o reflexo da personalidade de seu possuidor. Nossa estante conterá os bons poetas e os bons prosadores. As gramáticas costumam citar o nome do livro e do autor de onde os exemplos apontados foram tirados; constituem por isso um guia seguro na escolha de bons livros e de bons autores. Outro guia precioso que nos orientará muito bem na compra de nossos livros são as antologias; em nossa língua temos algumas excelentes; além de nos darem notícias de cada autor e a lista de suas obras, dão-nos também um trecho de sua prosa ou de sua poesia, pelo qual podemos julgar seu estilo.

A gramática codifica as leis que regem um idioma. Já que o principal utensílio de trabalho de um orador é a língua em que se exprime, é muito importante conhecê-la a fundo. Costuma-se dizer que o estudo da gramática é um dos mais chatos que a gente pode fazer. Não é verdade. O estudo da gramática, quando feito com método e inteligentemente, torna-se um prazer intelectual. Não devemos decorar as regras gramaticais, e sim estudá-las. Os minutos que separamos para o estudo da gramática serão empregados assim:

Abramos a nossa gramática, por exemplo, na lição dos adjetivos; leiamo-la; familiarizemo-nos bem com as regras que os regem; depois abramos um livro de um bom autor, em qualquer página, ao acaso; procuremos nessa página todos os adjetivos; enquadremo-los nas regras gramaticais que acabamos de estudar; expliquemos a nós mesmos por que é que cada um dos adjetivos encontrados está empregado daquele modo. E assim por diante, prosseguiremos aplicando a cada lição da gramática o mesmo método. Mais tarde encontraremos os verbos, parte importantíssima da gramática; estudaremos as conjugações, os tempos, os modos, as pessoas, os verbos irregulares, os imperfeitos etc. Na página de nosso livro de prosa ou de poesia, anotaremos os verbos, explicando em que tempo, em que modo, em que pessoa estão, a que conjugação pertencem, por que cada um deles se apresenta na frase empregado daquela maneira. O resultado é assombroso: a gente aprende de fato. Auxiliares preciosos no estudo da língua são as diversas lições de português escritas por professores de renome, dentre os quais citaremos: Mário Barreto, Othoniel Mota, Cândido de Figueiredo, M. Said Alli, cuja leitura é de grande proveito.

No estudo da língua, o dicionário é de muita valia; habituemo-nos a usá-lo. Em nossa leitura e na composição das preleções, qualquer dúvida que surgir quanto ao significado de uma palavra ou quanto à sua grafia, recorramos ao dicionário. Tenhamos o cuidado de não deixar escapar palavras cujo sentido não sabemos e também não as empreguemos sem primeiro certificarmo-nos de sua significação. O exato emprego de cada termo dá clareza aos pensamentos e elegância à preleção.

Temos as nossas horas para o estudo do Evangelho. Vejamos como utilizá-las eficientemente. Serão divididas em três partes. A primeira parte será gasta na leitura de um trecho; essa leitura será feita com a máxima atenção para que a passagem escolhida fique bem sabida e bem gravada. A parte seguinte será dedicada à interpretação do trecho. Interpretar as palavras do Evangelho é descobrir qual o significado moral que elas encerram; por que foram proferidas; que escopo visam; quais as vantagens que trazem aos que vivem de acordo com elas. A última parte do nosso tempo servirá para que façamos uma nota, por escrito, da lição que estudamos e dos pensamentos que nos foram inspirados durante a leitura e a interpretação.

O estudo das obras fundamentais do Espiritismo ocupará também algumas horas por semana. Serão divididas em dois períodos. Dedicaremos o primeiro período à leitura de um dos livros básicos do Espiritismo. O segundo período será gasto com uma análise por escrito do que acabamos de ler; terá a forma de uma pequena composição em que exporemos o nosso modo de pensar acerca do que lemos e a discussão dos tópicos que mais chamaram a nossa atenção. As análises escritas e mais as notas evangélicas constituirão valioso material com o qual facilmente comporemos nossas futuras preleções.

Eis que com um pouco de esforço, paciência, perseverança e boa vontade resolveremos, sem a mínima dificuldade, o problema do estudo. Qualquer um de nós, basta que saiba ler, poderá adquirir os conhecimentos indispensáveis para ser um bom orador espírita. O pequenino programa que acabamos de traçar está ao alcance de todos; para executá-lo não é necessário estudos superiores, nem possuir-se uma inteligência privilegiada. Requer apenas um pouco de amor à nobre Doutrina Espírita.

A Biblioteca do Orador Espírita

Os livros indispensáveis. Os livros de um orador espírita. Os livros para o estudo da língua portuguesa e formação do estilo literário. Os livros para o estudo do Espiritismo e do Cristianismo. Jornais e revistas espíritas. Aprender e ensinar. A compra dos livros.

Dissemos mais atrás que a formação de uma biblioteca está subordinada aos gostos e inclinações de quem a forma, como reflexo que ela é da personalidade e do adiantamento intelectual de seu possuidor. No entanto, há livros que se relacionam intimamente com a atividade que cada um exerce e, portanto, são indispensáveis. Assim, o médico terá livros de medicina; o engenheiro, os de engenharia; o contador, os de contabilidade. Cada profissional precisa dos livros próprios da sua profissão, independentemente de suas preferências literárias. O orador espírita reunirá em sua estante os livros imprescindíveis ao desempenho de sua tarefa.

No intuito de auxiliarmos aqueles que desejarem possuir o material suficiente para seus estudos, organizamos a seguinte lista de livros:

Para o estudo da língua portuguesa e formação do estilo literário:

- Gramática Normativa de Língua Portuguesa – pelo Prof. Francisco da Silveira Bueno.
- Pequeno Dicionário Brasileiro da Língua Portuguesa.
- Sermões Seletos – Padre Antônio Vieira.
- Coletânea Literária – Rui Barbosa.
- A Felicidade pela Agricultura – A. F. Castilho.
- Viagens em Minha Terra – Almeida Garrett.

- Lendas e Narrativas – Alexandre Herculano.
- Os Sertões – Euclides da Cunha.
- Conferências Literárias – Olavo Bilac.
- Notas Contemporâneas – Eça de Queiroz.
- Obras Completas – Fagundes Varella.
- Obras Completas – Gonçalves Dias.
- Obras Completas – Castro Alves.

Para o estudo do Espiritismo e do Cristianismo:

- O Novo Testamento.
- Obras Completas – Allan Kardec.
- Obras Completas – Léon Denis.
- Obras Completas – Gabriel Delanne.
- Produção Mediúnica de Francisco Cândido Xavier.
- Produção Mediúnica de Fernando de Lacerda.
- História das Origens do Cristianismo – Ernesto Rénan.
- O Papa e o Concílio – Introdução e versão de Rui Barbosa.

Acreditamos que, adquirindo as obras indicadas, ficaremos bem providos não só na parte intelectual como na parte doutrinária.

O orador espírita deverá estar a par do que se passa nos campos do Espiritismo; para isso assinará os jornais e as revistas que se publicam sobre a doutrina; recortará os artigos que realmente merecem ser guardados, pois constituem ótimas fontes de informação.

Entretanto, não esperemos ler todos os livros e estudar todos os pontos da doutrina e do Evangelho para depois começarmos a falar. A teoria, para ser proveitosa, precisa andar de mãos dadas com a prática. À medida que formos lendo, anotando e analisando, iremos compondo nossas preleções, embora curtas e modestas, e as pronunciaremos diante de nosso auditório. Nada de acanhamentos, nada de medo, nada de esperar saber tudo para depois ensinar. Vamos aprendendo e ensinando ao mesmo tempo. Não percamos nem um minuto, porque temos muito que fazer na imensa seara do Senhor.

Um ponto em que devemos prestar atenção é na compra de livros: quem começa a formar uma biblioteca fica tomado de desejo de adquirir todos os livros de uma só vez, e quando as posses não o permitem, desanima. É fácil contornar essa dificuldade usando-se um pouco de paciência. Formemos a nossa biblioteca aos poucos, de acordo com nossas possibilidades; a aquisição de um ou dois livros por mês é o suficiente.

Exercícios

O exercício número um. Recapitulação. Exercícios de composição. A composição final.

O melhor exercício para um orador é o falar em público; esse é o exercício número um; os outros são simples acessórios. Entretanto, recapitulemos aqui, em forma de regras, o que já aprendemos sobre a maneira de alcançar êxito em nossa carreira oratória:

1º – Levanta-te e fala; pouco ou muito, não importa; o essencial é que te habitues desde logo a enfrentar um auditório.

2º – Não confies na memória; confia no estudo.

3º – Fala somente sobre temas que conheces e que estudaste bem.

4º – Escreve tuas preleções; depois estuda-as; quando as pronunciares, que não pareçam decoradas, mas sabidas.

5º – Senhor modesto. Em tuas preleções, jamais te refiras a ti próprio ou a fatos que se passaram contigo.

6º – Faze leituras de trechos de prosa ou de poesias em voz alta. Esse é um bom exercício para desembaraçar a voz e ordenar os pensamentos.

7º – Antes de compareceres diante de teu auditório, pronuncia em casa tua preleção em voz alta, sem te importares em seguir palavra por palavra o que escreveste. E não falharás na hora precisa.

8º – Jamais ergas a voz para discutir ou para atacar. Ensina, amando. Fala, edificando.

9º – Nunca te iludas com elogios, venham eles de onde vierem. Por mais que faças, mal conseguirás cumprir tua obrigação.

10º – Senhor o exemplo vivo daquilo que pregas.

Façamos agora uma série de exercícios de composição; cada um desses exercícios será uma preleção. Daremos o tema evangélico e indicaremos aonde ir buscar material para a discussão. Munamo-nos de papel e lápis e comecemos:

1º Exercício

A Caridade

Tema: – Mateus – Capítulo 6 – versículos de 1 a 4.

Discussão: – O *Evangelho Segundo o Espiritismo* – Capítulos XII e XV.

2º Exercício

A Prece

Tema: – Mateus – Capítulo 6 – versículos 5 e 13.

Discussão: – O *Evangelho Segundo o Espiritismo* – Capítulo XXVII.

Fernando de Lacerda – *Do País da Luz* – Capítulo XXVI – Volume II.

Emmanuel – O *Consolador* – parágrafo 245.

André Luiz – *Os Mensageiros* – Capítulo XXV – Efeitos da Oração.

André Luiz – *Nosso Lar* – Capítulo III – A Oração Coletiva.

3º Exercício

Não Devemos Comerciar com as Coisas Santas

Tema: – Marcos – Capítulo II – versículos de 15 a 17.

Discussão: – O *Evangelho Segundo o Espiritismo* – Capítulo XXVI.

O *Livro dos Médiuns* – Capítulo XXVIII.

Léon Denis – *No Invisível* – Abusos da Mediunidade.

Humberto de Campos – *Novas Mensagens* – História de um Médium.

4º Exercício

A Reencarnação

Tema: – João – Capítulo 3 – versículos de l a 7.

Discussão: – Léon Denis – O *Problema do Ser, do Destino e da Dor* – Capítulo XIII – segunda parte.

O *Livro dos Espíritos* – Capítulo IV. O *Evangelho Segundo o Espiritismo* – Capítulo IV.

5º Exercício

Não Nos Vinguemos

Tema: — Lucas — Capítulo 6 — versículos de 27 a 29.

Discussão: — O *Evangelho Segundo o Espiritismo* — Capítulo XII.

6º Exercício

A Fé

Tema: — Mateus — Capítulo 21 - versículos de 18 a 22.

Discussão: — O *Evangelho Segundo o Espiritismo* — Capítulo XIX.

Fernando de Lacerda — *Do País da Luz* — Capítulo VI — volume I.

Emmanuel — O *Consolador* — parágrafos 354 e seguintes.

7º Exercício

O Mal É Vencido

Tema: — Mateus — Capítulo 25 — versículos 31 a 46.

Discussão: — Allan Kardec — *Obras Póstumas* — Regeneração da humanidade.

André Luiz — *Nosso Lar* — A palavra do governador.

8º Exercício

O Consolador Prometido

Tema: — João — Capítulo 16 — versículos de 7 a 15.

Discussão: — Emmanuel — *Emmanuel* — Capítulo XXVI.

O *Evangelho Segundo o Espiritismo* — Capítulo I.

Humberto de Campos — *Novas Mensagens* — O Espiritismo no Brasil.

Allan Kardec — A *Gênese* — Capítulo I.

9º Exercício

Os Médiuns

Tema: — Mateus — Capítulo 10 — versículos de l a 42.

Discussão: — Emmanuel — *Emmanuel* — Capítulo XI.

O *Evangelho Segundo o Espiritismo* — Capítulo XXVI.

André Luiz — *Os Mensageiros* — Capítulos V a XII.

Humberto de Campos — *Novas Mensagens* — História de um médium.

Léon Denis – *No Invisível* – Educação e função dos médiuns e Grandezas e misérias da mediunidade.

10º Exercício

Deus

Tema: – Mateus – Capítulo 6 – Versículos de 25 a 34.

Discussão: – Allan Kardec – A *Gênese* – Capítulo II.

Léon Denis – O Grande Enigma.

Os exercícios que apontamos servem para dar uma ideia ou, se o quisermos, uma orientação sobre a maneira pela qual poderemos facilmente escolher um tema e sobre ele tecer as considerações sugeridas pelo Espiritismo. Os temas e as discussões variam ao infinito. Cada versículo do Evangelho e cada lição dos livros básicos do Espiritismo fornecem material para utilíssimas, belas e instrutivas preleções.

Tenhamos, porém, o cuidado de não escolher o tema e alinhar o material e depois recitar tudo sem que nos entreguemos ao trabalho de compor a preleção. É preciso tratar do material escolhido de modo tal que a composição final seja realmente uma criação do orador.

A Oratória de Jesus e de seus discípulos

Jesus, modelo perfeito. Como Jesus pregava. A quem Jesus pregava. As pregações dos discípulos. O desvio. Continuemos a obra de Paulo de Tarso.

O Mestre é o modelo perfeito que os oradores espíritas se esforçarão por imitar. Suas lições se dirigiam diretamente ao coração dos ouvintes, despertando-lhes o sentimento e obrigando-os a meditar sobre elas. Suas palavras são construtivas: nenhuma ataca sem ensinar e nenhuma destrói sem construir. Quando derruba a ignorância dos sacerdotes e das seitas religiosas de seu tempo, não deixa de transformar suas afrontas em lições generosas para todos os que possuem olhos de ver e ouvidos de ouvir. Se de chicote em punho expulsa os mercadores do templo, é para mostrar aos futuros construtores da igreja de Deus que sob a sombra dela não deveriam nunca mercadejar as coisas do Senhor, porque as receberam de graça e de graça deveriam distribuí-las.

Jesus falava da maneira mais simples possível, todos o entendiam; tirava os exemplos dos fatos e das coisas comuns; era com o modo de viver diário de cada um que ilustrava suas preleções; tudo nelas é natural, compreensível, claro. Procurava sempre falar aos pobrezinhos, porque o sofrimento e as desilusões já lhes tinham preparado suficientemente os corações para o recebimento da Boa Nova que viera trazer à Terra.

Os discípulos continuaram dignamente a obra do Mestre; não se iludiram pela pompa dos grandes, nem foram em busca dos que viviam em deleites. Espalharam-se pelas vielas escuras das cidades, pelos subúrbios esquecidos, pelos lugares onde se escondia a miséria, onde morava a dor, onde o pão era escasso, onde as roupas eram andrajos. E, guiados pelo pensamento sublime do Mestre, implantaram na Terra o sentimento do amor ao próximo e nos fizeram conhecer o Pai bom, o Soberano magnânimo, o Deus que faz que germinem as sementes e movam-se as ondas. E iniciaram a integração da Terra na harmoniosa cadeia dos mundos que formam o reino dos céus. Mais tarde houve um desvio. O peso da matéria chumbou novamente no chão o espírito dos pastores que arrebanhavam almas para Deus.

Depois de tão largo intervalo... vamos, irmão, vamos continuar o trabalho da difusão do Cristianismo, reiniciando-o do ponto em que Paulo de Tarso o interrompeu.